あいては人か話が通じないときワニかもしれません

レーナ・スコーグホルム
御舩由美子［訳］

Bemötandekoden
:konsten att förstå sig på människor och få ett bättre liv.
Lena Skogholm

サンマーク出版

愛する子どもたち
イッサとウィリアムに

Bemötandekoden
:konsten att förstå sig på människor och få ett bättre liv.
(The Connection Code)
by Lena Skogholm

Första utgåva 2016
Utgiven av HarperCollins Nordic AB, Stockholm, 2020.

はじめに
——「彼は（私は）どうしてあんなこと言ったんだろう？」

人と接するときは、その人のあるべき姿を見て接しなさい。

ゲーテ（ドイツの詩人、1749年〜1832年）

私たちの生活のおもな場所、たとえば職場や学校、家庭の中心にあるのは人間関係だ。私たちの頭は、この人間関係のことでいっぱいで、他者の考えを理解することに、たくさんの時間と労力を費やしている。

いま、この人は何を考えているのか？　どんな言動をとるつもりだろう？　その言動に、私はどう対応すべき？　その対応によって、この人は私をどう思う？　好意的に思ってくれるだろうか？

相手とのやり取りがどんなものになるかは、まったく予想がつかない。相手のふるまいは、そのときの感情や思考に左右されるし、その感情や思考もまた、たくさんの要素に左右されているか。たとえば、その人がどのくらいストレスを感じているか、自分と会う前に何があったか、など。

そして、相手とのやり取りは、すぐあとの互いの感情や思考に影響をおよぼす。なぜ彼女はこんなことを言ったんだろう？　彼は何を言いたかったんだろう？　……etc.

人類の歴史を振り返れば、こうした疑念が浮かぶのには、大きな理由があるとわかる。太古の昔、私たちの祖先がサバンナで暮らしていた頃は、集団の一員として認められることが不可欠だった。**仲間はずれになることは、死に直結したからだ。**

そのため、集団のなかに自分の居場所が確保されているかどうか、仲間との関係がうまくいっているかどうか、自分が仲間として認められているかどうかを、常にチェックする必要があった。

これを思えば、いまの私たちが人間関係のことばかり考え、人づきあいに神経をすり減らしているのも当然といえるだろう。

では、**人間の行動のメカニズムをもっと学んで、人づきあいのストレスを減らすことはできるだろうか？**　本当に心の通い合う人間関係は築けるのか？　心地よく、安心感のある交流はできるのか？　そのための知識は、得られるのか？

もちろん答えは、「イエス」だ。本書では、こうしたことについて詳しく解説したいと思う。

本書は、私たちをつかさどるハードウェア、つまり脳のメカニズムを解明する現代の研究成果にのっとって解説している。私たちを制御する生物学的プログラムとそのメカニズムを知れば、その知識が大きな安心材料になる。

本書を読めば、人と接するとき、脳がその交流のなかでどんな役割を演じているか理解できるはずだ。

「話を聞いてもらえた」というもののすごい感覚

人生は、他者との交流によって決まるといっていい。なぜなら、**そうした交流が、自分や他者をどうとらえるかに影響をおよぼしている**からだ。

相手がこちらの発言に耳を傾け、尊重してくれていると感じると、自己肯定感や自信が持てる。反対に軽視されたり、まともにとりあってもらえなかったりすると、自分を肯定できず、自信を失う。

他者に話を聞いてもらったり、親身に対応してもらったりすることは、人間にとってきわめて重要だ。自分の発言が好意的に受けとめられると、私たちは、その集団の一員として認めてもらえたと感じる。他者（ほかのメンバー）が自分を軽視せず、発言を尊重してくれているとわかる。

だからこそ、相手とどんなやり取りをするかが、とても大切だ。いってみれば、**自分という人間は、他者との交流のなかで創造され、命を吹き込まれる**のだ。

厄介な状況でも、適切な受け答えをすれば、うまく切り抜けられる。反対に、対応を間違えば、ごく平凡な日常のやり取りでも、大問題に発展するかもしれない。

適切な交流は、追い風となって人間関係をスムーズにする。ちょうど、背中を押してもらいながら上り坂を楽々と進んでいくように。

いっぽう、まずいやり取りは強い向かい風と格闘するようなものだ。こちらの気力が底を突いていたら、対応は至難の業となるだろう。

私は、10年にわたって講演や講義、研修を行うなかで、参加者からさまざまな体験談を聞いてきた。

たとえば上司の態度が、部下の働く意欲をかき立てたり、奪ったりする話。

従業員の顧客への対応が、販売実績を左右する話。

職場の仲間同士の関係が、険悪なムードを生む話。

そのいっぽうで、従業員同士のやり取りや、顧客への対応が適切にできれば、仕事の充足感が生まれ、好ましい結果につながる例も多々目にしてきた。

私は、子どもの頃から人間が互いにどうふるまうかを観察し、それについて考えを巡らせてきた。そうした興味は尽きず、ついには行動科学の学位を取って、それを教えるまでになった。

また、この25年は脳の働きを学ぶことに没頭し、脳科学の知見を日常生活にどう役立てればいいかを学んできた。


人と接しているときに、その人の脳で起きていることに応じてふるまえば、言葉の選択を誤ることもない。脳科学の知識を頼りに、適切な対応ができるはずだ。

こうした知識は、あらゆる交流で活用できる。とりわけ厄介な状況、たとえばストレスを感じるときや、相手に恐れを感じたときは、救いの手となるだろう。

この本を手に取ってくれたあなたを、私は心から歓迎したい。
本書が、あなたに新たな気づきをもたらしますように。他者との、そしてあなた自身との関係が生まれ変わり、毎日を心地よく過ごせますように！

レーナ・スコーグホルム

追記
最近、ある会社の重役から届いたメールを紹介しよう。
「本当に驚きました。先日お話しした深刻な人間関係の問題が、すっかり解決したのです。あなたが当社で行った講義のあと、対立していた社員たちが、あなたの言語ツールを実際に使ってみました。何が起きたと思いますか？　これまでずっと手を焼いていた険悪なムードが、嘘のように消えたのです」

目次

1章

ヒト脳・サル脳・ワニ脳
話が通じないとき「ワニ」かもしれません

2章

非言語のパワー

「言葉の外」からこんなに伝わる

3章

わるい話

伝え方とは「受け取られ方」を決めること

4章 やわらかくなる

「調和」をまとう

5章

伝染

まずはあなたの感情が肝心だ

6章

対人感情

人への「ムラ」をなくしたい

7章 率直な物言い、おだやかな空気感

論理脳と感情脳の共存

8章

フィーリング・グッド

ごく自然な「やさしさ」が根づく

ボーナスチャプター　自分の「トゲ」を抜く

カバーデザイン　三森健太（JUNGLE）
カバーイラスト　山内庸資
本文デザイン・DTP　荒井雅美（トモエキコウ）
翻訳協力　株式会社リベル、下倉亮一
編集協力　株式会社鷗来堂
編集　梅田直希（サンマーク出版）

本文中の〔　〕は訳者による注を表します。

1章

ヒト脳・サル脳・ワニ脳

話が通じないとき「ワニ」かもしれません

「ちょっと待った！　ここは大人になって話をしようじゃないか」

こんな言葉を、職場や家で耳にすることはないだろうか。

この言葉には「客観的に話したい」「理性を失いたくない」「いっときの感情で早まった行動に出たくない」といった含みがある。ただ、私たちは経験から、客観的に話すなど、そう簡単にできるものではないと知っている。

〝そう簡単にできない理由〟は、脳が進化を遂げた何百万年にもおよぶ過程のなかにある。

私たちの頭蓋骨のなかには、人類の発達の歴史がそっくり残されているのだ。

これはアメリカで長年、脳の進化の研究にたずさわったポール・マクリーンの知見だ。人間の脳の、いちばん新しく形成された層は、「論理的な能力」を制御している。それより前にできた層は、「感情」をつかさどっている。この層は、論理的な能力よりもはるかに早い段階で形成され、以来ずっと脳に存在している。

さらに、脳には「本能」も備わっている。これは、考えたり感じたりすることなく発動する反射的な働きだ。「本能」をつかさどるのはいちばん古い層で、ここは無意識の自動的なふるまいを制御している。

もちろん、この分け方は、脳の働きをかなり簡略化したものだが、このような大ざっぱな分け方が、日常生活に活かすにはとても都合がいい。この基本となる3つの層を理解すれば、有用な知恵として活用できる。この知恵があれば、厄介な状況や、理性を失った相手にもうまく対処できるようになる。

脳は古い層になるほど、その作用も強い。古い層は、気が遠くなるほどの年月をとおして進化を続けながら、無数の人間の命を救ってきた。そのため、**私たちは自分の命を救ってくれるこの古い層の働きを、無意識下で信頼している**。

とはいえ、論理的に考えることが必須の現代社会では、この古い層がよかれと思ってやったことが、逆に足を引っぱることもある。自分の思いに反して、あるいは自分の感情にふりまわされて、自分でも驚くような行動をとってしまうのだ。

また、古い層の働きにとらわれている人、具体的には「攻撃的になる」「逃げだす」「腹を立てる」など、本能的にふるまう人を前にすると、私たちは襲われたり追いつめられたりしたような感覚におちいり、まごついてしまう。

こんなとき、どうすればいいのだろう？

1章では、古い層の働きにとらわれている人を前にしたとき、実際に何が起きているか、そうした厄介な状況にどう対処すればいいかを説明する。そのとき相手の脳では何が起きているのか。コミュニケーションをとり続けるにはどんな言葉をかけ、どうふるまえばいいのか。そうした知恵が身につくはずだ。

まずは楽しい交流の場、土曜の夜のホームパーティを例に、考えてみよう。そこでは脳の3つの層、つまり「**論理**」「**感情**」「**本能**」をつかさどる各層の働きが鮮明に見えてくる。

ストレスと「泥酔」は似ている

パーティで、こんな光景を目にしたことはないだろうか？　最初は穏やかで礼儀正しかった人が、ずけずけとものを言うようになり、しまいには部屋の隅に座りこんだり、眠りこけたりしてしまう。

この光景は、脳の基本的な構造を説明するのにうってつけだ。というのも、私たちがアルコールを摂取したときや、ストレスの害が脳や身体に広がるときに何が起きるかがわかるからだ。アルコールもストレスも、同じように脳の働きに影響をおよぼす。

ストレス（またはアルコール）の影響を知り、その人が、そのときの状況を脳のどこで処理しているかがわかれば、適切に対応できる。

では、さっそく本題に入ろう。

そのパーティでは、出席者の1人が酒を飲みすぎて、すっかり羽目を外してしまった。これはとても興味深いハプニングだ。その人が、その状況を脳のどこで処理しているか（脳のどの領域が働いているか）、じつによくわかる。

「分析」「うんちく」を語る

その日ディナーパーティがあることは数週間前からわかっていたのだが、あいにく家を出るのが遅れてしまった。私は、いくらか気詰まりを感じながら、パーティ会場に足を踏み入れる。そこは1800年代後期に建てられた豪華なアパートメントハウスの一室で、木工細工の装飾がふんだんにほどこされ、床はハードウッド、高い天井にはシャンデリアがぶら下がっていた。

部屋には、私を含めて6人いた。私たちは、いくらかぎこちないながらも、なごやかにおしゃべりした。みんなはじめて見る顔だ。やがて、私たちは美しく飾られたディナーテーブルの席につく。テーブルの上で揺れるキャンドルの炎が、独特の雰囲気をかもしだしていた。

会場に着いたときにはカクテルがふるまわれ、今度は上等のワインがグラスに注がれた。メニューとの相性をもとに厳選されたワインだ。私たちは、さっそくスウェーデン式で乾杯して、その赤ワインを褒めた。

ワイン通が2人ほどいて、すぐにうんちくを傾けはじめる。このワインの産地は？　ブドウの品種は？　年代は？　香りは？　色の深みは？　そのワインのあらゆる特徴について、こと細かに意見が交わされた。

続いて、テイスティングがうやうやしく行われた。ある人は、ほのかなオークの香りを感じとった。フルーティな風味とアニスの実の香りを感じた人もいた。分析はさらに続いた。このワインはフルボディだけれど、きりっとした酸味もある。甘味とバランスがすばらしい。まさに極上のワインだ、云々。

ようやくテイスティングが終わった。さあ、ワインを楽しもう。


「きみはぁ、ぼくのぉ、しんゆうだ！」


数時間が過ぎる頃には、みんなすっかりくつろいでいた。思いつくままに話し、ときに会話に割り込みながら互いにおしゃべりを楽しんだ。そのなかで1人、かなりリラックスしている人がいた。もっと率直にいえば、リラックスしすぎて、まわりから浮いていた。この男性をピエテルと呼ぼう。

ピエテルは、隣の男性に寄り添うようにテーブルに身を乗りだした。そして、その男性が親友で、彼のことが大好きなんだ、と繰り返した。声も身ぶりも大きかった。ピエテルが腕をばたつかせたり振りまわしたりするので、あやうくグラスが床に落ちそうになった。

彼はグラスをぶら下げるように持つと、がなり立てた。「きみはぁ、ぼくのぉ、しんゆうだ！　ぼくはぁ、きみのぉ何もかもが、だぁいすきだ。これからもぉ、土曜の夜はぁ、みぃんなで集まろう。ここにいるみんなにかんぱーい！」

「何するんだ馬鹿野郎！　どこに目ん玉つけてる!?」

さらに数時間が過ぎ、私たちは互いにすっかり打ち解けていた。仕事のことは忘れて、楽しさに浸りきっていた。おしゃべりし、笑い、乾杯した。ワインをお代わりして、心地よい酔いに身を任せた。

ところで、さっきまで浮かれ騒いでいたピェテルはどうしただろう？　いま、彼はテーブルに突っ伏している。どうやら眠っているようだ。椅子に座ったまま、小さくいびきをかいている。

しばらくすると、ピェテルの隣の男性が立ち上がった。ピェテルが自分の親友だと言った人物だ。その男性はキッチンに何かを取りにいき、戻ってくる途中でうっかりピェテルにぶつかった。するとピェテルは跳ね起きて、怒声をあげた。「何するんだ、馬鹿野郎！どこに目ん玉つけてる!?」

ご機嫌だったり冷静だったり、短気ですぐカッとなったり

本来のピェテルはどんな人物で、普段はどんなふるまいなのだろうか？客観的で、慎重に物事を分析する人？　衝動的で、勝手気ままにふるまう人？　すぐに頭に血がのぼる短気な人？

ピェテルが数時間のうちに、まったく違う3つのふるまいを見せたため、どれが本当のピェテルなのかわからなくても不思議はない。

まず、ワインのテイスティングを積極的に行っていた客の1人がピェテルだった。だから、彼に物事を分析する力があるのは確かだ。

ところがリラックスしてくると、自分の気持ちをストレートに表現するようになった。「ぼくはぁ、きみのぉ何もかもが、だぁいすきだ」。彼の感情表現力は、このとおりだ。心にしまってあった思いをすべて、何のためらいもなく外に解き放ったのだ。ちょうどスウェーデンのポップ・シンガー、ペール・ゲッスルが歌っているように。すべての思いが

一気にあふれ出す。

そしてパーティが終わりに近づく頃、ピエテルはテーブルに突っ伏して眠っていた。さっきまで言いたい放題ではしゃいでいた人物が、すっかり酔いつぶれていた。ところが、親友が誤って身体にぶつかったとたんに跳ね起きて、彼を怒鳴りつけた。

一夜のうちに3つの態度をピエテルにとらせたものは、いったい何なのか？

ディナーパーティでの3つのふるまい

- 「客観的」に分析する
- 「感情」をあらいざらい吐き出す
- 「闘争」または「逃走」

アルコールには、脳の特定の部位の働きをストップさせる力がある。そのため、体内のアルコール濃度が高くなると、その人のふるまいが変わる。脳の一部がアルコールの濃い霧に覆われて、機能が停止してしまうのだ。一時的に脳に軽いダメージがおよんだ状態だ。

酒が入らず自制心があるときには、脳全体が機能している。ところが、酒を何杯か飲むと、分析力や、自分の行動の結果を考える力が働かなくなってしまう。

いっぽう、感情を担当する部位は、飲酒しようがしまいが、きわめて順調に機能する。こんな諺《ことわざ》がある。子どもと酔っ払いは嘘をつかない。

私たちは、ある程度の量のアルコールが体内に入ると、自分の気持ちや考えを、結果もろくに考えないで口にしてしまう。相手がその言葉をどう受け取るかなど、考えない。なぜなら、自分の発言の影響を予測する力が、一時的に働かなくなるからだ。

そのまま酒を飲みつづけると、感情をつかさどるシステムも、アルコールの霧に包まれる。そのため感情の機能もストップし、機能しているのは生存と本能の働きだけになる。

そして何か脅威を感じると、本能は「逃走《フライト》」か「闘争《ファイト》」、あるいは「凍結《フリーズ》」をうながす。「凍結」は、動物が危険を避けるために死んだふりをするときの行動だ。

ストレスが脳を「霧」で包む

私たちがストレスを感じると、脳のなかでは酒に酔ったときと同じことが起きる。アルコールが徐々に脳を霧に包んでいくように、**ストレスも脳の各部位の働きを順に停止させていく。**

仕事や私生活において、私たちは常にストレスにさらされている。

学校や職場、家庭で、やるべきことを山ほど抱え、それをかぎられた時間のなかですべてこなさなければならない。そのいっぽうで、自分の心身をケアする必要もある。

また、自分や家族の病気や悩みごとにも取り組まなければならない。失業や、家の問題のストレスもある。

自分が属している社会の情勢が急変することだってある。テクノロジーは瞬く間に進歩し、情報の洪水が私たちに襲いかかる。世界のあらゆる危機を、メディアがひっきりなしに報じる。

こうした要素すべてが、ストレスの原因になる。

ストレスを感じると何が起きるだろうか？　また、長いあいだ働きづめの人がストレスにさらされつづけたら、何が起きるだろう？

こんなことは言いたくないが、私たちはみんな、脳に一時的に軽いダメージを負ってしまうのだ。

脳1つに「3体」生物がいる

すでに述べたように、脳は、進化という観点でいえば、3つの層で成り立っている。そして、この3つはアルコールとストレスの影響を受けやすい。

例に挙げたディナーパーティでは、3つの層の状態がはっきり表れていた。ピェテルは3つのふるまいと、3つのコミュニケーション・モードを示していた。

私たちがどんな言動をとるかは、そのときに脳のどの層が使われているかで決まる。いってみれば、頭のなかには3つのコミュニケーション部門があるのだ。

心理学者のヤン・サンドグレンは、著書『ピラミッドを広げよう Sprid pyramiderna』（未邦訳）のなかで、この3つのコミュニケーション部門について書いている。これは、ポール・マクリーンが提唱した脳の3つの層と同じだ。つまり、「脳幹（爬虫類脳）」「辺縁系（ほ乳類脳）」「新皮質と前頭前皮質（大脳皮質と前頭葉）」だ。

本書は、このサンドグレンの説にヒントを得て、脳の各層の働きを解説する。脳の仕組みをイメージしやすくなり、日常生活において脳がどのように働いているか、よくわかるはずだ。

では、ディナーパーティに戻ろう。最初の場面は、ワインの分析だ。

分析能力は、脳の最も新しい層にある。この層は、私たちをホモサピエンス、つまり人間たらしめている場所だ。ここは新皮質（大脳皮質）と前頭前皮質（前頭葉）からなっている。覚えやすいように、また説明しやすくするため、この新しい領域を「**ヒト脳**」と呼ぼう。

テイスティングのあとでピェテルがワインを何杯か飲むと、彼は自分の感情をどんどん解放しはじめた。自分の気持ちを頭のなかで選別することなく、あらいざらい表に出した。このコミュニケーション・モードは、脳の2つ目の層である辺縁系、つまり「ほ乳類脳」にある。

「ほ乳類脳」は感情と、それを行動に移すシステム、つまり情動のシステムをつかさどっている。ピェテルは自分の発言を深く考えず、自分の行動がどういう結果になるかも想像しなかった。また、その状況ではどんな言葉が適切か、といった配慮もなかった。これは、一時的にヒト脳が働かなくなり、感情が制御されないまま外にあふれ出た状態だ。

覚えやすいように、ほ乳類脳のことは「**サル脳**」と呼ぼう。


ここで念のため書かせてほしい。人間の生命システムに名前をつけたからといって、これらの部位を決して軽んじているわけではない。それどころか、まったく逆だ。

私が本書で述べることは、人間の脳のあらゆる部位を尊重すべきだ、という考えが出発点だ。脳は、私たちの祖先を何百万年ものあいだ救いつづけてきた。私たちは、その脳を心から敬わなければいけない。脳の働きを理解して、大切に扱わなければいけない。

脳に関わる有益な知識を日常生活で存分に活かすには、覚えやすい呼び名をつけたほうがいい、というだけだ。

最後の場面はピエテルが眠っているところで、これは「逃走」のふるまいだ。このあと、ピエテルは友人を怒鳴りつけるが、これは「闘争」のふるまいだ。少し前の、友好的な態度が嘘のように消えている。

これは、サル脳がアルコールの霧に包まれて、機能が停止したためだ。このとき、ヒト脳とサル脳はどちらも一時的に機能をストップしている。まだ機能しているのは3つ目の層、脳幹だ。ここは「爬虫類脳」、または「**ワニ脳**」と呼ばれている。

人間が無意識のうちに呼吸したり、心臓が動いたり、内臓が機能したりするのは、このワニ脳のおかげだ。生存するための基本的な機能は、ここにある。この部位は、無条件で機能しつづける必要がある。

このワニ脳が脅かされたり、過剰なストレスにさらされたりすると、私たちは「逃走」や「闘争」のモードに

脳の3つの層

- ヒト脳
- サル脳
- ワニ脳

入る。

私たちは、ワニ脳を守るための行動をとる。**仮にヒト脳とサル脳がうまく機能しなかったとしても、私たちは生きられる。でも、ワニ脳なしでは生きていけない。**

ワニ脳は胎児のとき最初に発達し、一生を終えるときは最後に機能を停止する。

脳はときどき「原始的」になる

脳の3つの層はストレスに対しても、酒を飲み過ぎたときと同じ反応をする。

ストレスが大きいと、ヒト脳はストレスの霧に包まれる。そうなると、冴えた頭で筋道立てて考えることができなくなる。また、ひどく感情的になったり、取り乱したりする。つまり、サル脳で状況を処理しはじめるのだ。

ストレスや緊張がさらに増すと、サル脳は任務を放棄してしまい、ワニ脳が私たちを支配する。そうなると自分の行動やそのときの状況は、脳の最下層にある最も原始的な領域で処理しなければならない。

研究では、ストレスに長期間さらされると脳が損傷することがわかっている。精神科医のロナルド・デュマンの知見によれば、**脳の容量が徐々に減り、やがては認知機能や情動の働きにダメージがおよぶ可能性がある**という。認知機能とは、知識や思考、記憶、言語、意識をつかさどる働きのことだ。この認知機能のほとんどは、ヒト脳にある。

脳は人体の指令センターで、そこに3つの部門があると考えてみよう。つまりワニ部、サル部、ヒト部だ。たとえば、私たちがワニ脳に支配されているときは、3つの部門の1つだけが機能していることになる。この場合、ほかの2つの部門は一時的に機能を停止している。

「論理脳」はあっさりシャットダウンする

ストレスや疲労がたまっているときに、頭がうまく働かないと感じたことはないだろうか？

ある論文によれば、**人体が大きなストレスにさらされると、たとえば何時間も休まずに働きつづけると、脳はあっさり機能を停止してしまうらしい**。この現象を観察した研究者の1人が、トルビヨン・アケルステッドだ。

スマホの電池残量が少なくなると、画面にこんなメッセージが現れる。省エネモードに切り替えますか？　この場合、あなたは「はい」か「いいえ」で答えるだろう。でも、この省エネモードが脳にもあるのを知っているだろうか？

本来使えるエネルギーよりもたくさんのエネルギーを使っていると、脳の省エネモードがオンになる。脳には、あなたの全要求に応えられるだけのエネルギーがないため、プログラムを強制的にシャットダウンしなければならない。**最初にシャットダウンされるプログラムは、ヒト脳**だ。その結果、論理的に考える力が働かなくなる。

そしてサルの出番となり、私たちはサル語しか使えなくなる。

ストレスを研究しているアレクサンデル・ペルスキーによると、ストレスにさらされている脳では、さまざまな領域同士の結合が弱まるため、論理的に考えることができなくなるという。実際に、この感覚を体験している人はたくさんいるはずだ。

スウェーデンの医療情報を提供するウェブサイト「ヴォードガイデン」に、こんな投稿があった。「私はひどく疲れているときに、脳のスイッチがオフになったように感じることがあります。何か考えごとをしていても、思考がぷつっと途切れたみたいで、最後まで考えることができません。見えているものを解釈するのも難しくなります。言いたいことを文章にするのもひと苦労で、言葉に詰まらないではっきり発音するのが大変です」

この省エネモードは、自動的にスイッチが入る。スマホは、電池残量が少なくなると画面にメッセージが表示されるので、省エネモードにするか自分で決められる。ところが、脳が省エネモードになるとき、選択の余地はない。強制的にオンになるだけだ。

そして、**ストレスが収まらないと、次の省エネモードがオンになり、サル脳もまた霧に包まれる。**するとワニの出番だ。ワニ脳のモードになると、私たちはワニ語しか話せなくなる。そのときの状況を処理するのに、ワニ脳しか使えなくなってしまう。脳の高次な領域にアクセスできなくなるのだ。

ヒト、サル、ワニすべての言語が使えるのは、ヒト脳にアクセスしているときだけだ。この場合、脳全体を使って、そのときの状況を処理できる。でもストレスを抱えているときは、使える言語が制限されてしまう。

職場にいるときは、ヒト脳の機能に頼り、3つすべての言語を使う必要がある。そのためには、**ヒト脳にとどまれるよう、できるかぎり自分をケアすることが大切だ。**

自分をいたわれば、3つの言語すべてにアクセスできる。目の前にいる顧客や同僚のモードが何であれ、つまり相手がヒト脳でも、サル脳でも、ワニ脳でも、臨機応変に対処できる。

「どの脳」に話しかけるかで「ふさわしい言語」が変わる

あなたには現代人の脳があるだろうか？　もちろん、ある。

とはいえ、どんな人の脳も、いってみれば建て増しされながら進化してきた。人類が進化を遂げたとたんに、完成したヒトの脳が現れたわけではない。進化の過程をとおして、すでにできていた脳のまわりに少しずつ新しい層が追加されていったのだ。

先ほどのパーティをもう一度、振り返ってみよう。

ピエテルのふるまいには、現代人の脳の３つの層の働きがすべて表れていた。これとまったく同じことが、あらゆる人の日常で起きている。

私たちは日々、ワニ脳やサル脳、ヒト脳のモードにいる人たちと交流している。相手との好ましい交流によって円滑な人間関係を築くには、相手の信頼を得なければならない。そのためにはワニ脳、サル脳、ヒト脳に、できるかぎりベストな形で対応しなければならない。つまり、３つの言語、ワニ語、サル語、ヒト語を学ぶことが必要になる。

そのときの状況にふさわしい言語を選べば、適切なやり取りができる。ふさわしい言語を選ぶことこそ、「人づきあいの達人」への早道だ。

ワニ脳――どんな人でもワニになる

ワニ脳は、脳のいちばん古い層だ。これは何百万年も前に発達して、いまも現代人の脳に残っている。ほかの2つの層は、そのあとに加わった。

ワニ脳は、いつも私たちのなかにいる。だから、ときどき、私たちはこのワニ脳にもとづいた行動をとる。私たちが大きなストレスを抱えて思考が鈍くなったり、何らかの危険を察知したりすると、あたかも召喚されたようにワニが現れる。

ただし、自分がワニとして反応するかどうかは、状況そのものではなく、その状況を「どうとらえるか」、つまり自分がどう思うか、による。

具体的に、ワニの反応とはどのようなものだろうか？

ワニは次の3つの形で反応する。

・凍結――血が凍るような感覚におちいる。身体が麻痺《まひ》して、思うように動かない
・逃走――穴があったら入りたい、またはその場から逃げたいと思う

・闘争——後悔するとわかっていても、相手を責めたり口論したりするのを抑えられない

どんな人でもワニになるときがある。だから、自分だけでなく職場の同僚や上司、友人、家族など、誰であれ、この状態になるのを目にするはずだ。人間はみんな同じ生物学の法則に支配されているので、これはごく自然な反応だ。

脳がこのように働くことが（それを望むかどうかにかかわらず）わかっていれば、その状況がすんなり腑《ふ》に落ちるし、うまく対処できる。たまたまワニに出くわしても、どう対応すればいいかわかっていれば、動揺することもないだろう。堂々と落ち着いて自分の役割が果たせるはずだ。つまり、人づきあいの達人として対応できる。

では、ワニと出くわしたら、具体的には何をすればいいだろう？

ワニには「短く、簡潔」に話す

ワニへの対処の仕方は、ワニが求めるものを満たすことだ。そして、ワニ脳が求めるものは、「**安心**」だ。

ワニ脳を安心させ、安全だと思わせるには、短い文章で、この上なく簡潔に伝えなければ

ばならない。

つまり、**ワニ語はきわめて単純で、短くて、具体的でなければいけないし、何をすべきか指示を与える形でなければいけない。**

簡単にいえば、ワニは考えることも感じることもできない。ただ本能のままにふるまうだけだ。そのため、何か道しるべを示してあげないと前に進めない。だから道しるべを示して、ワニを落ち着かせよう。そうすれば、「闘争」も「逃走」もしない。わかりやすい指示を与えれば、ワニは安心し、ワニの心は鎮まる。

私たちが危機的な状況におちいると、このワニが脳を支配する。そうなると、私たちはワニ語しか理解できなくなる。

たとえば、エレベーターの近くに「非常口」を示す標識がある。これがまさにワニ語だ。このメッセージは短くて具体的だ。火事になったらどこに逃げればいいか、ひと目でわかる。また、シンプルな絵も、やはりワニ語だ。見たとたんに、どう行動すべきかすばやく判断できる。

ワニ脳モードでふるまう相手に筋のとおった話をしても、相手のストレスが増すだけ

だ。ワニ脳で情報を処理しているときは、物事を論理的に理解できない。その人の気持ちを理解していることを言葉でいくら伝えても、ワニ脳はその言葉を理解できない。

むしろ、その言葉がワニの「逃走」や「闘争」の反応をうながしてしまうだろう。**あなたに、私の気持ちがわかるわけがない**、と。

私の経験を例にとろう。以前、長期にわたって複数の問題を抱え、手いっぱいだったことがある。その頃のことはいまでもよく覚えている。当時、私は精神的な余裕がまったくなかった。

あるとき、夫が何か話をするために、私のところに来た。それが何の話だったか覚えていないけれど、自分がどう答えたかは覚えている。

「もう無理。あなたが何を言ってるのかわからない。どうすればいいかだけ言って。それならわかるから」

別の状況でも、これと似たことが何度かあった。どんな理由であれ、過度のストレスや疲労を抱えているときは、冴えた頭で詳細に物事を考えるのが難しくなる。こんなときは要点を3つに絞り、短い言葉で伝えてもらうほうがいい。つまり、ワニ語だ。

ワニ語 vs ヒト語

２００４年に、巨大な津波がタイ（スウェーデン人がクリスマスシーズンに好んで出かける観光地）を襲って甚大な被害を与えたとき、スウェーデン人はみんな、たとえ個人的には影響がなくても一種のショック状態におちいった。こうした災害が起きると、ワニ脳が目を覚ます。

スウェーデンの国民が被害状況を知りはじめた頃、外務省の報道官は会見の場で、これほどの大災害に対応できる資源はないと事細かに説明した。ところが肝心のこと、たとえば現地にいる親戚と連絡がとれるのか、スウェーデン人の死傷者は何人か、スウェーデン人を帰国させるために何ができるか、といった点については何も言えなかった。何もかもが、はるか彼方の国で起きていたために、対応が難しかったのだろう。

しかもクリスマスの翌日だったため、職員のほとんどはオフィスにいなかった。報道官は、くどくどと理詰めで、つまりヒト語で、何もできないことの釈明を続けた。

国民の不満はつのるいっぽうだった。「こんな言い訳ばかりしていったい何になる？もっと何かやってくれる人間はいないのか？」。国民のなかのワニたちが目覚めはじめた。

災害が起きた翌日の12月27日、フリーティスレソール社（タイ旅行などを手配するスウェーデンのチャーター会社）の広報責任者ロッティ・クヌートソンが、夕方のニュース番組でインタビューを受けた。

彼女は、自社の対応を語った。カオラックに人員を送り、被災者を救助したこと。バス3台分の被災者を避難させたこと。被災者を避難させるため、世界中に問い合わせて航空便を探していること。パスポートも持たず水着姿のままで空港に着いた被災者を支援していること。

クヌートソンは、どこまでも明快で簡潔だった。彼女は、自社が具体的にどんな措置をとったか、これから何をしようとしているかを語った。国民がショック状態におちいってワニ脳に支配されているときに、彼女はワニ語で話をした。

ワニたちは求めていたものがある程度満たされたので、落ち着きを取り戻した。**ワニは長々と説明されるより、実際にどうなっているかを知りたがっていたのだ。**ところが外務省は、ヒト語で説明しようとした。それも必要だとはいえ、相手がワニ脳に支配されているときは違う。

クヌートソンは、まさにそれが必要な状況でワニ語を使った。彼女は、その的確さや災害支援への対応が評価されて、スウェーデンのカール16世グスタフ国王から勲章を授与された。

言葉がわからないようでは、人を知ることはできない。

孔子（紀元前555年～紀元前479年）

サル脳——ただ気持ちを話したい

ワニ脳の次に進化した層は、サル脳（ほ乳類脳）だ。この層には、私たちの感情をつかさどる機能がたくさん備わっている。

ディナーパーティの例で、ピエテルが胸にしまってあったものを包み隠さず話したとき、彼はサル脳で状況を処理していた。

つまり、**サル脳のモードにあるとき、私たちは感情を表に出したくなる。自分の気持ちを言葉にしたくなる。**その気持ちを他者に理解してもらいたい、そして共感してもらいたい。とにかく、わかってほしい、同情してほしいのだ。

サル脳はこんなふうに言いたがっている。

「私のなかで感情が湧きあがっている。その感情をともに感じてほしい。共感したことを、私に示してほしい」

私は、たくさんの人がこんなことを言うのを聞いてきた。「何も特別なことは望んでいません。ただ自分の気持ちを話したいだけなんです」。これは、サル語だ。私たちは自分の胸の内を表に出し、言葉で伝えたいのだ。

何年も前の話になるが、私のいた組織で大改革が行われた。私の日常は、突然雷が落ちたように大混乱におちいった。

私は、それを誰かに話したかった。そして、ある女性にその話を打ち明けた。その女性は私の話に耳を傾け、共感を示してくれた。

ところが、いくらもたたないうちに、彼女は早々と気持ちを切り替えようとした。感情路線からロジック路線に乗り換えたのだ。でも、私はまだ感情路線にいたので、それにはしたがえなかった。

すると、彼女はそれに気づいて、私のいるところに戻ってきてくれた。私には、気持ちを切り替える前に、感情のシステムで状況を処理する時間がもう少し必要だったのだ。

とてもうれしいことがあって誰かとそれを分かち合いたいとき、悲しみや怒りを吐き出したいとき、私たちはサル脳のモードに入る。そして、自分の気持ちを言葉にしたくなる。その気持ちを誰かに伝えて、理解してもらいたくなる。

じっくり時間をかけて聞いてもらいたいときもある。**相手がそうした状態にあるときは、肝心な部分を飛ばして結論を急がないようにしよう。**決してこう言ってはいけない。「きみの言いたいことはわかる。でも、いまは、どうすれば解決するかを話し合おう」

相手がサル脳に支配されているときは、サル語で話さなければいけない。つまり、**うまく意思疎通をはかるには、共感と理解を示さなければならない**のだ。

サル語で話して相手が求めるものを満たさないかぎり、ヒト語に移行してはいけない。

数年前、私がセミナーを開いたときに聞いた話をしよう。これは、参加者のある女性が教えてくれた話で、サル脳に支配されているときに論理的な能力がどうなるかがよくわかる。

「私はアカウント・マネージャーで、請求書に関する問い合わせの電話に対応しています。ある女性が、遅れて届いた請求書のことで問い合わせてきました。私は状況を説明しましたが、その女性はこちらの話をまったく理解しませんでした。私の言葉が聞こえないみたいでした。ひどく動揺し、気を張りつめていました。

女性は数分のあいだ、自分が厄介な仕事を山ほど抱えていることを打ち明けました。私は、その話にじっくり耳を傾けました。そして、あなたの辛《つら》い気持ちはよくわかる、といった言葉を何度かかけて、女性が抱えている状況に共感と理解を示しました。女性がだんだん落ち着いてきたところで、請求書の説明を再開しました。すると今度は、すぐにのみ込んでくれたんです。

そのとき、はっきりわかりました。彼女はまず、サル脳で状況を処理する必要があったんですね。感情が高ぶって、私の説明を聞いても論理的に考えられなかったんだと思います。**でも、しばらく彼女の話を聞きながら、何度も共感を示すうちに態度が変わりました。突然、論理脳が起動したみたいに。**またヒト脳のスイッチが入ったんですね」

ヒト脳――筋のとおった話ができる

脳の最も新しい層は、ヒト脳だ。ここには、物事を論理的に考える力が備わっている。人間は、そのときの状況や出来事を分析し、自分の行動の結果を予測し、複数の視点で考えることができる。また、時間をやりくりしたり、衝動的な行動を抑えたりもできる。

ヒト脳が機能しているかぎり、会話の相手とは筋のとおった話し合いができる。

先ほどのディナーパーティでは、ピエテルがワインを飲むまで、彼の3つの脳はすべてきちんと機能していた。ところが、酒の量が増えるにしたがって、それぞれの脳が霧に包まれて機能が停止した。

私たちが内的、あるいは外的なストレスをため込まないかぎり、ヒト脳はその役割をきちんと果たしている。そしてヒト脳が機能しているかぎり、何の苦労もなく客観的に話し合うことができる。

3つの脳がすべて機能していれば、私たちはヒト語を話せる。ところが、ストレスの霧に包まれると、ヒト脳はシャットダウンする。そうなると、理性的に行動するための機能が一時的に停止してしまう。

3つの言語

- ワニ語
- サル語
- ヒト語

このとき機能しているのは、サル脳とワニ脳だけだ。そして話す言語は、サル語に変わる。その結果、自分の感情を表に出し、それを理解してもらうことを相手に求める。

さらに大きなストレスを感じたり緊張したりすると、サル脳もシャットダウンし、これも一時的に機能しなくなる。そうなると、今度はワニ脳の行動しかとれなくなる。結果、身体が麻痺したように静止したり、その場から逃げだしたり、攻撃に出たりする。

私たちは、仕事や私生活で常にこの3つの領域、ワニ、サル、ヒトのあいだを行ったり来たりしている。この3つには、それぞれ特有の欲求があるため、それを満たさなければならない。

人とうまく交流するには、ワニ語、サル語、ヒト語について知る必要がある。また、いつ、どの言語を使うかも心得ていなければならない。

正しい選択ができれば、自分にとっても相手にとっても、そのときのやり取りがぐんと楽になる。これは、よい人間関係を築くための鉄則だ。

ヒト脳にとどまるコツ

私たちには、ワニ部門、サル部門、ヒト部門からなる指令センター（つまり脳）がある。正しく判断し、それぞれの部門にふさわしい言語を話さなければならない。そのとき機能している部門の言語を話せなければ、通訳が必要になってしまう。

仕事でも私生活でも、ストレスを感じたり、緊張したりすることは頻繁にある。十分に睡眠をとらなかったり、食生活が乱れたりすると、すぐには感じなくても身体はストレスをこうむっている。

このような場合、脳が十分に機能しなくなることを知っておいてほしい。相手がこのような状態なら、それにふさわしい言語を慎重に選ばなければならない。

以前、ある企業の部長が、部下と一緒に、私のセミナーに参加した。数日後、その部長は、３つの言語を知ったおかげで、部下とのコミュニケーションがうまくいったことを教えてくれた。

「ある女子社員が、仕事のことで相談があると言ってきました。彼女はひどく悩んでいて、自分の業務をこなすための時間が足りないと訴えました。

じつはその頃、私も大きなストレスを抱えていたうえに、片方の肩にひどい痛みがあり、手術を控えているという状況でした。

気持ちに余裕がなかったせいか、私は、この社員を腹立たしく思うようになりました。そもそも業務を増やしてほしいと頼んできたのは彼女だったからです。ところが、結局はこなしきれずに、持て余していたというわけです。そこで、手っとりばやい解決策を提案しました。増やした業務をいくらか減らそう、と提案したのです。彼女は難色を示しました。結局、話し合いは物別れに終わりました。

その後、私はその社員が求めていたのは解決策ではなく、彼女の状況に共感と理解を示すことだったと気づきました。ようするに彼女は、そのときの状況をサル脳で処理していたのです。私自身もストレスを抱え、ひどい痛みにも悩まされていました。だから、多少なりともワニ脳にとらわれていたはずです。

手早く問題を片づけたせいで、私はひどく後味の悪い思いをしていました。そのときは冷静に話を聞くという考えが浮かびませんでした。とにかく、早く問題を片づけてしまいたかったんです。

私は、自分の提案した解決策が、彼女が求めていたものとは違うことを理解しました。彼女は、増えたぶんの仕事を続けたいと考えていたのです。

そこで、もう一度話がしたいと彼女に申し出ました。そして、前回はストレスがたまっていたことを打ち明け、彼女の業務の状況についてもっと話し合いたいと言いました。すると彼女の表情が、ぱっと変わりました。そして、前回話したときに自分はサル脳の状態だったに違いない、だからサル語で話をしてもらう必要があった、と言ったんです。

私も言いました。あとで考えてすっかり腑に落ちた、前回はかなりストレスを抱えていたので、ヒト脳で考えることができなかった、と。それから、私たちは解決策を話し合いました。そして、日々の生活を混乱させるワニ脳やサル脳に驚嘆しながら、笑って話し合いを終えました」

いつもヒト脳を作動させておくことは難しいが、それを日々の課題にしてほしい。もちろん、常にそうはいかない。人生には良いときもあれば、悪いときもある。それでも、絶対に必要なことがある。**自分をケアすることだ。**

毎日のルーティーンのなかで必ず休憩をとること。決して疲れをためないこと。人間には、新たなエネルギーと回復をもたらすものが必要だ。すばやく回りつづける回転木馬から簡単に降りることはできないが、意識して短い休憩をとることは必要だ。「まず、これを終わらせて、それからひと休みしよう」というように。

話す前のコンディションが大切——これに関しては、本書を通じて述べていきたい。

人間の脳には3つの部門があることを意識して、この3つを適切に扱ってほしい。ワニとサル、どちらも私たちのなかにいて、必要なものを求めている。それを満たしてあげればヒト脳を維持できる。

何か問題にぶちあたって絶対に解決できないと思っても、ひと晩ぐっすり眠れば、たいていは解決できる。エネルギーをしっかり充電すれば、脳全体がふたたび活性化してヒト脳が復活するからだ。

また、ヒト脳は、論理的な思考を意識することでも起動できる。たとえば厄介な状況に出くわしたとき、その状況を客観視して論理的に考えてみるのだ。「ふむ、**目の前にいるこの人はワニ脳に支配されているな。では、ワニ語で話してみよう**」

こうした気づきによってヒト脳にとどまっていられる。それによって好ましい結果が得られれば、心の負担も軽くなる。また、状況をうまくコントロールできるようになり、自然にストレスも減る。

物事の見方を変えれば、物事そのものが変わる。

マックス・プランク（「量子論の父」と呼ばれるドイツの物理学者）

■ 適切な言葉で話すためのチェックリスト

☑ 相手が問題について客観的な視点で話したがっていたら、その人はヒト脳を使っている——では、ヒト語で話そう。

☑ 相手が自分の気持ちを話したがっていたら、その人はサル脳を使っている——では、サル語で話そう。

☑ 相手が攻撃に出たり（腹を立てている、あるいは苛立《いらだ》っている）、逃げようとしていたり（回避）しているなら、その人はワニ脳を使っている——では、ワニ語で話そう。

☑ ワニ脳が求める明快で具体的なメッセージを与えたら、次はサル脳に移行し、サル語に切り替えよう。相手の言葉に注意深く耳を傾けよう。そうすれば、どの部門が脳を支配しているかわかる。

☑ サル脳が求めるもの、つまり自分の気持ちを言葉にして理解してもらいたいという欲求を満たしたら、今度はヒト脳に移行して、ヒト語に切り替えよう。

これだけ頭に入れておけば、あとは状況にふさわしい言語を選ぶだけ！

1章で手に入れたツール

▼ワニ語

メッセージは短く、具体的に、簡潔に。どうすればいいかわかるように道しるべを示す。

ワニ部門が求めるのは、エレベーター近くの「非常口の標識」のような指示だ。

▼サル語

相手が自分の気持ちを話しているときには耳を傾け、それを肯定する。ときには何度も、時間をかけて相手の気持ちに寄り添わなければならない。

サル部門が求めるのは、理解と共感を示してもらうことだ。

▼ヒト語

問題を客観的にとらえ、筋道を立てて説明し、話し合える。複数の視点でとらえ、その状況を招いたものや、今後どうすべきかを語ることができる。また、さまざまな言動がどんな結果につながるか、予想できる。

ヒト部門が求めるのは、問題を客観的にとらえることだ。

2章に進む前に

あなたがワニ脳、サル脳、ヒト脳、あるいは2つの脳に支配されている人と接したときのことを思い出してほしい。

そのとき何があっただろうか？

あなたはどんな対応をしただろう？

その結果、どうなっただろうか？

今後、改善したいことはあるだろうか？

2章

非言語のパワー

「言葉の外」からこんなに伝わる

あなたがあまりにも大きな声で話すので、何を言っているのか聞きとれない。

ラルフ・ウォルドー・エマソン（アメリカの思想家、文学者）

あなたが、私と会うことになったと想像してほしい。当日、私は「まあ、お会いできてうれしいです」と言いながら、あなたの顔をろくに見もしないで自分のスマホをチェックしている。どう見ても、あなたに関心があるとは思えない。

この場合、あなたは「お会いできてうれしい」という言葉を信じるだろうか？

わずか数秒で相手をジャッジする

私たちが目の前にいる人のイメージを確定するまで、わずか数秒しかかからないという。第一印象について研究する心理学博士、アンジェラ・アホラの知見だ。

秒でジャッジを下す――誰もが自分の意思に関係なくやっている。

一瞬で相手を判断するなんて馬鹿げていると思うだろうか。確かに、相手を一瞬で見きわめようなんて誰も思わないだろう。それでも、脳はそうやって学習しながら生存の可能性を高めてきた。

つまり脳は、私たちがいる状況をすべて、すばやくスキャンしているのだ。

初対面の人と会って最初に見きわめるのは、その人が友好的で気持ちが通じ合うかどうかだ。

人類は太古の時代、目の前の人物が敵か味方かを瞬時に判断するようになった頃から、ずっとそうしてきた。つまり、これは生存の機能なのだ。ワニ脳はこの機能を保持しつづけ、万が一敵と出くわしたとき、瞬時に行動できるよう待機している。

また、私たちは、相手が自信を持っているか、地位はどのくらいか、といったこともすばやく吟味する。この人の言葉は信頼できるのか？　話を聞くだけの価値はあるのか？　また、その人が集団のどこに位置しているか、地位は高いのか、低いか、なども無意識に見さだめる。

私たちは集団内の自分のポジションを守り、長期的な安全を求めている。そのため、そのとき自分がどんな集団にいようと、高い地位の人のそばにいようとするのだ。

実際の能力よりも自信があることが重要視されるのは、そのためだ。私たちが相手を信用するかどうか決めるとき、いちばんの判断材料は、その人が自分の持っている考えや情報を**どのように示すか**、だ。

その人が落ち着いていて何も不審なところがなければ、こちらは差し迫った危険はないと判断して緊張を解く。

ところが、目を合わせない、不安そうにしているなど不審なところがあると、ワニ脳は危険が迫っていると判断する。常に安全なところにいて危険に備えておくことが、生存の可能性を高める。だから、目の前にいる人物が不審なシグナルを発していたら、私たちは

よい第一印象を与えるには

・背筋を伸ばし、両足に均等に体重をかけて立つ
・にこやかな表情で、アイコンタクトをとる
・手のひらを見せるなどオープンなジェスチャーを使いながら、
　親しみをこめた口調で話す

警戒し、その人物を信用しない。

人間には、このような反応が、生物学的プログラムとして組み込まれている。これを頭に入れておけば、ベストな形で人と接することができるだろう。

人と会うときには、次のことを思い出してほしい。**第一印象が決まる瞬間も含め、その人と接しているあいだは常に背筋を伸ばし、両足に均等に体重をかけて立とう。**また、にこやかな表情でアイコンタクトをとること。そして手のひらを見せるなど、オープンなジェスチャーを使いながら、親しみをこめた口調で話そう。


ある大企業の講演会に参加したときのこと。その講演がはじまったときに見た講演者のふるまいは、いまでもはっきり思い出せるほど強烈に頭に焼きついている。

その講演者の女性は、コミュニケーション・マネージャーだった。彼女は聴衆の前に立ち、腕時計を見下ろ

しながら緊張した声で言った。「ええと、もう時間は過ぎていますね。はじめないと」。そして開いたドアの向こうに目をやると、こう訊いた。「まだ席についていない人はいますか？」

それから、「今日は何人かゲストに来ていただいていますが、その前にお話ししたいことがあります」と言った。彼女はゲストのほうを見向きもせず、歓迎の挨拶をするわけでもなく、ただゲストが座っているほうに手を差しのべると、何かを払いのけるようにさっと振った。

私は、ゲストの1人だった。その講演者のしぐさは、まるでゲストたちを追い払おうとしているように見えた。私たちゲストは、互いに顔を見合わせた。きっと同じように感じたのだろう。まるでハエみたいに追い払われている、と。

「第一印象」は大切だ。そして、「次にどんなふるまいをするか」も重要だ。出会いの場面での講演者の非言語コミュニケーションは、誰が見ても明らかだった。聴衆のほうをほとんど見なかった。ゲストのいるほうも、ちらりとさえ見なかった。しかも、あろうことかゲストを追い払うようなしぐさをした。

非言語コミュニケーションは、コミュニケーション手段のなかでも最強の手段だ。

では、出会いの場面で好ましい記憶を残すのは、どんなボディランゲージや口調、顔の表情なのだろう？

子どもは言うことは聞かないが「真似」はする

ボディランゲージは、言葉よりもはるかに大切だ。

「子どもは、大人の言うことは聞かないが、大人の真似はする」という諺のとおりで、ボディランゲージや動作は言葉をしのぐほどの影響力がある。

たとえば誰かと会っているとき、**その人のボディランゲージと言葉がまったく別のシグナルを発していたら、私たちはボディランゲージのほうを重視する。**こんなとき、言葉はまったく当てにならないことが多い。

あなたが、飼い犬にとてもやさしい声で言ったとしよう。「まあ、なんてみっともないイヌなの」。それでも、イヌはうれしそうに尻尾《しっぽ》を振るだろう。イヌには声の調子しか伝わらないからだ。

人間の場合、イヌほどはっきり態度には出さないけれど、さほどの違いはない。イヌの専門家が、こんなことを教えてくれた。「飼い主として、あなたが持っている最大の武器は声のトーンですよ」

これは人間に対してもいえることだ。声をどう使うかが、人づきあいの強力な武器になる。

言葉で伝わるのは7%、表情からは55%

楽曲のニュアンスが出だしのフレーズで決まるように、あなたの話を相手がどう受け取るかも、あなたが発する声次第だ。よいコミュニケーションの基本は、適切なトーンで話し出すことだ。

アメリカのコミュニケーションの研究者アルバート・メラビアンと研究チームは、話す人の表情と声の重要性について調べる実験を行った。その結果、被験者が自分の気持ちを伝えた場合、**言葉は7%しか相手の解釈に影響を与えない**ことがわかった。

・言葉（7%）
・語気やトーン（38%）
・顔の表情（55%）

言葉の影響力が、非言語に比べてこんなにも低いことに驚いたのではないだろうか。

たとえば、会話の相手が皮肉っぽい口調でため息をつきながら「ああ、楽しかった」と言ったら、私たちはその言葉をまったく信じないだろう。つまり、言葉の影響力は0％だ。

では、なぜ言葉よりも非言語コミュニケーションのほうが影響力が大きいのだろう？

また、本当に伝えたいシグナルを送るには、どのように非言語を使えばいいのだろうか？

思いがけず「ワニ脳」が出てくる

「何を言ったか」――つまり言葉は、ヒト脳で解釈される。

「どのように言ったか」――ボディランゲージと声のトーンで発信されたシグナルは、ワニ脳とサル脳で解釈される。

前述のように、ワニ脳とサル脳は太古の昔から存在する脳だ。だから、この2つの脳は、自分たちが優先的に相手の発言を解釈できると思っている。

ワニ脳とサル脳には、「言葉がどのように発せられ、どう受け取るべきか」を判断するテンプレートがあり、常にそれにしたがっている。

たとえば、あなたが自分の感情を声のトーンや顔の表情、ジェスチャーなどの非言語によって発信すると、相手のワニ脳とサル脳はその非言語を手がかりに解釈する。つまり、**あなたの言葉そのものはスルーしてしまう**のだ。

言葉を受け取る当人にこう囁《ささや》きながら。「あの、言葉を担当するとかいう新顔のヒト脳には頼るなよ。おまえが頼るべきは、おれたちワニとサルだ。おれたちは大昔からここにいて、おまえたち人間の命を救うために進化してきた。だから、おまえはおれたちの言うことだけ聞いてればいいんだ。ヒト脳の言うことは無視しろ。あいつは、まだ新米なんだから」

人はしぐさのほうに「本音」を感じる

元FBI捜査官のジョー・ナヴァロは、未来の捜査官にボディランゲージの読み取り方を教えている。ナヴァロはこの分野の専門家で、ボディランゲージが人間の本心を暴露し、嘘をついても身体をとおして真実が漏れてしまうという。

彼は、人間がワニモードのときにどんなボディランゲージを見せるかを、著書『FBI捜査官が教える「しぐさ」の心理学』〔西田美緒子訳、河出書房新社、2012年〕のなかで解説している。

私たちは、古い脳のボディランゲージを抑えることができない。なぜなら、古い脳は意識の力をしのぐほど強力だからだ。そのため、強いストレスを感じているときにワニ脳で状況を処理しはじめると、無意識のうちにワニのボディランゲージが表れてしまう。そのボディランゲージは、まさに本音を語っている。

ナヴァロは、ワニ脳による非言語コミュニケーションの分析法を身につけて以来、たくさんの未解決事件を解明している。

このように、ボディランゲージの影響力もまた絶大だ。つまり会話の相手にとっては、こうしたボディランゲージも声のトーンと同じく、こちらの言葉を解釈する大きな手がかりになる。

あいにく、私たちは自分のボディランゲージや声のトーンを常に意識しているわけではないので、本当に伝えたいこととは違うシグナルが送られがちだ。とりわけストレスを感じているときは、つい短い受け答えになる。神経が高ぶり、ポジティブな気持ちで会話するのは難しくなる。ことによると、目の前のことをさっさと片づけて次のタスクに移りたいと考えるかもしれない。

ところが、会話の相手は、こちらのボディランゲージに影響を受けてしまう。これを思えば、会話は口から発せられる言葉よりも、ボディランゲージや声のトーンをとおして交わされているといえるだろう。

私たちは、相手の発言や話し方、書かれた文章をとおして、その人の気持ちをさまざまに解釈する。

なぜ同僚は、あんなそっけない言い方をしたんだろう？　なぜ彼女は、会議でぼくが話しているときにスマホをいじっていたんだろう？　なぜ上司は、私が大事な話をしようとしたのに上の空だったんだろう？

そっけない、あるいはネガティブに解釈されがちな声のトーンは、たちまち相手のワニとサルを目覚めさせる。

この章の冒頭で、言語と非言語が相反する例を挙げた。では、私があなたを見て笑顔になり、うれしそうに「まあ、お会いできてうれしいです」と言ったらどうだろう？　私のボディランゲージと声のトーンは、あなたが私の言葉を解釈する手がかりになる。この場合は、すべてポジティブな印象を与えるものばかりだ。

だが冒頭のように、私が退屈そうにスマホをいじっていたら、あなたは私の言葉にネガティブな含みを感じるはずだ。

言葉より「トーン」が脳に伝わる

言葉に感情を読み解く手がかりがまったくないと、たいていは自動的にネガティブに解釈される。

私たちは、物事がうまくいっていて何も問題ないと思える証拠を求めている。その証拠が得られないと、最悪の事態に備える。ようするに、**目の前にいる人物が敵か味方かわからない状況で、出たとこ勝負はできない**のだ。

相手が味方だという証拠がないのに、味方だと想定して行動するようなリスクは冒せない。もし冒していたら人類はこんなにも長く生き延びられなかったし、いまのワニ脳とサル脳もなかっただろう。

いいかえれば、「何を言ったか」だけでは足りないのだ。「どのように言ったか」もまた、相手の受け取り方を左右する。だから、自分が伝えたいことを「どのように発信すべきか」も考えなくてはいけない。

ボディランゲージと声のトーンから、どんなシグナルが発信されるかを意識しよう。**それらがポジティブに響くものなら、多少ぎこちなくてもかまわない。**相手のワニとサルは、こちらを味方だと解釈してくれるだろう。そうすれば、その相手の警戒心も緩むはずだ。

数年前、私はある企業の社内説明会に立ち会った。それは、経営陣が大規模な改革について説明する会だった。聴衆はみんな、気が進まないような顔で経営陣の話を聞いていた。

こうした話の場合、伝える側はかなりのストレスを感じる。メッセージをうまく伝えるには、あらゆるコミュニケーション手段を使わなければならない。

経営陣は、ボディランゲージも使っていた。ところが、動きが硬すぎたり、背中を丸めて自分を小さく見せてしまっていたり、プレゼンのスライドやプリントしか見ていなかったり、というありさまだった。

困ったことに、そうした態度のせいで、聴衆の賛同はまったく得られなかった。改革の説明は筋が通っていたにもかかわらず、話し手からは少しも自信が感じられなかった。話し手が自信なさそうに見えたら、聴衆はその話を信用するだろうか？

信用するのは「話の中身」ではない

あなたが誰かと話しているとき、相手のワニ脳とサル脳は、あなたのボディランゲージや声のトーンを電光石火のごとくスキャンして、あなたの発言がそれと一致しているかチェックする。

もし一致しなければ、つまり言葉とボディランゲージの意味が矛盾していたら、ワニ脳とサル脳は瞬時に反応する。つまり、**言葉とボディランゲージが食い違っているのを見破り、あなたを信用できないと判断する**のだ。

ワニとサルは、お目こぼしなどしてくれない。会話の相手は、ヒト脳で不信感を隠しながら、丁重に相づちは打ってくれるかもしれない。でも、ワニとサルが騙《だま》されたわけではない。

では、このようなボディランゲージを読み取った場合、ワニやサルは私たちにどんな行動をとらせるだろうか？

ワニ脳の反応は「意識」より速い

ワニとサルが、どのようにボディランゲージを読み取るかは、ワニがどんなボディランゲージを使うかを知ればわかる。そのボディランゲージとは、私たちが危険に遭遇したときの反応だ。なぜなら、危険に遭遇したときに反応しているのは、私たちのなかにいるワニだからだ。

私たちが危険にさらされると、あるいは危険の可能性を察知するだけでも、1章で述べたとおり3つの形の反応が生じる。「凍結」「逃走」「闘争」だ。

誰かのボディランゲージが、この3つのどれかを想起させるシグナルをほんの少しでも発していたら、用心しなくてはいけない。これは太古の時代から人類の脳に刷り込まれた警告だ。危険が目の前に迫っている。

じっとしている（凍結）、立ち去る（逃走）、攻撃的になる（闘争）ことを想起させるボディランゲージを見ると、私たちは自動的にネガティブに解釈する。

たとえば、私があなたに背を向けながら話しかけたら、私の言っていることがどんなにポジティブであろうと関係ない。十中八九、あなたは、私の言葉を心から信じることはできないだろう。なぜなら、あなたのワニ脳は、私のボディランゲージのほうを信じるからだ。

このときワニ脳は、あなたが意識するよりも速く、私のボディランゲージに「逃走」を思わせるしぐさが表れていることに気づく。つまり「背を向ける」というしぐさが危険と結びつく。その結果、あなたは、私の言葉をネガティブに解釈する。

ワニ脳は3つの反応をすべて危険と結びつけるが、最悪の事態だと解釈するのは、「攻撃」を想起させるボディランゲージだ。このプロセスは、私たちの意識にはまったくのぼらない。顕在意識の反応は、潜在意識よりはるかに遅い。つまり、こちらが攻撃される可能性があるとき、論理的な思考は当てにできない。**自分の身を守るには、考えるより先に行動しなくてはならない**からだ。

人間に潜在意識の働きが備わっているのは、そのためだ。この働きのおかげで、私たちはすばやく身を守れる。

「腕組み」は威圧のサインを送る

会話中に、相手がボディランゲージをほとんど使わず、身体を少しも動かさず、一本調子で話していたとしよう。これは「凍結」を想起させるふるまいだ。あなたは全身で不安を感じ、その状況を正しく解釈できないだろう。そして先述のように、その状況をネガティブに解釈してしまう。

また、相手が顔をそむける、身体を小さく見せる姿勢をとる、といったふるまいを見せたとしよう。頭を下げる、足を組む、などだ。この場合、あなたは無意識に「逃走」を想起する。そのため、相手がポジティブなことを言いながらも、こちらを見ていなかったら、あなたはネガティブに解釈するだろう。

もし相手が威圧的に胸を張ったり、両脚を広げて立ったり、腕を組んだり、大声を出したり、グッと近づいてきたりしたら、それは攻撃を想起させるふるまいだ。私たちは、こうしたふるまいにとても敏感だ。あっという間にワニが目を覚まして、自分の身を守るための攻撃態勢を整える。

これは、人間が絶対に逆らえない生物学的なメカニズムだ。私たちはそのようにできていて、ただこの反応を受け入れるしかない。

「体を向けて話す」には効果がある

会話中に、ネガティブに解釈されるようなボディランゲージを使うと、相手のワニ脳が目を覚ましてしまう。

とはいえ、そうしたボディランゲージを避けるテクニックがいくつかある。自分のボディランゲージを四六時中、意識するなど無理だし、ストレスフルな生活のなかで、そん

ボディランゲージでポジティブな印象を与える

- 相手（集団）のほうを向く。そのときは、両足のつま先も向けること
- 相手のほうに、わずかに身を乗りだす
- 相手を見て、アイコンタクトをとる
- 状況に応じて、両手は手のひらが見えるようにする

なことを気にかける余裕もない。誰かとの会話中に緊急メールが来たら、会話の相手から顔を背けて返信することだってある。

そんなとき、あなたは言うかもしれない。「ちょっとメールを打つけど、きみの話はちゃんと聞いてるから、そのまま続けてくれ」。おそらく、あなたは相手の話を聞いているだろう。でも、相手は、あなたの言葉を信じないかもしれない。相手のワニ脳がそうさせるからだ。

あなたのボディランゲージをポジティブに受け取ってもらえる、とてもシンプルなテクニックを教えよう。このテクニックを使えば、あなたの発言そのものもポジティブに解釈してもらえる。

これは、ワニのボディランゲージとは正反対のボディランゲージを使う手法だ。つまり「凍結」「逃走」「闘争」とは逆のふるまいだ。

じつをいうと、私たちは自分でも気づかないうちに、このテクニックを使っている。

「相手のほうを向く」には効果がある

これは、「逃走」と正反対のふるまいだ。

「身を乗りだす」には効果がある

あなたが「凍結」も「逃走」もせず、その正反対のふるまいをしていることを示す動作。相手に近づいたり、接触を求めたりしても同じ効果がある。あなたが相手を信用し、そばにいて安心していることが伝わる。

「アイコンタクト」には効果がある

あなたが誰かを見るとき、その人はあなたに見られている。他者に見られることは、自分の存在が承認されている証拠だ。つまり、自分は重要で、話を聞くに値する人間だと思われている証《あかし》だ。

これは、人間の最も基本的な欲求である。

■「目を見開く」には効果がある

あなたが目を見開くと、見られている相手は、あなたから関心や好意を持たれていると感じる。逆に、私たちが怒りを感じて攻撃しようとするときは、眉間にしわを寄せて目を細める。

■「手のひらを見せる」には効果がある

これは、拳で攻撃するときと正反対のしぐさだ。また、逃げだす、身体をこわばらせて立ちすくむ、といったふるまいとも逆の行為だ。このしぐさにより、あなたが近づいて対話を望んでいることが示せる。

何年も前に、ある2人の管理職が、数人の従業員からポジティブなフィードバックを受けたことがあった。2人はそれぞれ別の企業の管理職で、フィードバックを受けた時期もほんの数日しか違わなかった。従業員たちは、その管理職の功績に感銘を受け、ぜひそれを伝えたいと思った。

従業員がその上司のところに来て、称賛の言葉をかけようとしたとき、上司はどうしたか？　どちらの上司も、やりかけの作業を続けた。つまり、従業員たちから顔をそむけていた。

1人は踏み台に乗って電球を取り付けていた。もう1人はデスクの下に潜り込んで、パソコンのケーブルを整理していた。

どちらも作業を中断して部下のほうに顔を向けることぐらい、わけなくできたはずだ。ところが、そうしなかった。2人とも、早く作業を終えてしまいたかった。姿勢を変えず、部下に目を向けようともせず、ただ「ありがとう」と言って作業を続けた。

従業員はどう思っただろう？　あなたなら、どう思うだろうか？　どちらの従業員も、会話を続ける気がなくなり、早々に話を切りあげて立ち去った。

今後、彼らはこの上司に、またポジティブなフィードバックをすると思うだろうか？

表情は「感情」を図解して見せている

ボディランゲージと同じく、顔の表情も、その人の本音をあらわにする。そのため、顔の表情は、相手の発言を解釈する格好の手がかりになる。こんな名言がある。

「2人の人間の距離を最も縮めるものは笑顔だ」

心理学者のポール・エクマンは、顔の表情と感情の関係について調べる研究者だ。エクマンによれば、**顔の表情は、感情の図解**のようなものだという。つまり、感情は、顔の表情をとおしてストレートに相手に伝わるのだ。

私の話を例にとろう。何年も前のある日、私は会議に出るために急いでいた。遅刻の瀬戸際だった。廊下を速足で歩けば、どうにか間に合いそうだった。

途中で、一緒に仕事をしたことのある女性とばったり出くわした。彼女は快活に挨拶してくれた。私も明るく返事をした。少なくとも、そう思った。

会議が終わってから、またその女性と廊下ですれ違った。そのとき、彼女が「どうかしたの？」と訊いてきた。私は何のことかわからなくて面食らった。すると彼女は言った。「なんでこんなこと訊くかっていうとね。**さっき会ったとき、あなたがすごく怒ってるみたいに見えたから**」。私が何かの理由で腹を立てていると思ったのだ。

最初はどういうことか、さっぱりわからなかった。でも次の瞬間、はっとした。あのとき、私は会議に遅刻しそうで焦っていた。しかも大事な話をすることになっていたので、そのことで頭がいっぱいだった。

どうやら、私はストレスを感じていたり、別のことに気を取られていたりすると怒って見えるらしい。そういえば、友人や家族からも同じようなことを言われたことがあった。

自分の顔にそんな表情が浮かんでいるなんて、まったく意識していなかった。

ここで想像してほしい。その女性が何も訊かず、私が怒っていると思い込んだまま立ち去っていたらどうなっただろう？　あちこちでその話をして、私が何を怒っているのか訊きまくったかもしれない。顔の表情やボディランゲージをとおして意図しないシグナルが送られると、このように簡単に誤解が生じてしまう。

快活で親しみやすい態度は、攻撃とは正反対の態度なので、相手にポジティブに伝わる。また、これは「逃走」と正反対の態度でもある。このとき、こちらの顔には相手に近づきたいという気持ちが、はっきり表れている。

あなたのニュートラルの表情は、どんなものだろうか？　意識しているかどうかは別として、あなたには定番の表情があるだろうか？　たとえば物事に集中しているとき、しかめっ面になる、問題を解決しようと考え込んでいるとき不機嫌そうな顔になる、何かに苛立っているとき怒った顔になる、というように。

笑顔＝人との交流や出会いを成功させる近道

本当に送りたいシグナルが送れるように、自分がどんな表情を

していいるか意識しよう。

「抑揚」が楽しそうに聞こえる

話し手が抑揚のある変化に富んだトーンで話していたら、たいていはポジティブに解釈される。

たとえばスウェーデン人には、ノルウェー人の話し方が楽しそうに聞こえる。ノルウェー人の声のトーンは抑揚があって、とても変化に富んでいるからだ。そうした話し方は、会話に活力をプラスする。

これと対極にあるのが、一本調子でまったく抑揚のない話し方だ。この場合、決して機嫌は悪くないのに、どこか不機嫌に聞こえてしまう。会話にも活気がなくなる。

会話中は、変化に富んだ声のトーンを心がけよう。そうすれば会話に活気が生まれ、相手とも気持ちよく心を通わせることができる。

疲れているときは、どうしても単調な話し方になりやすい。私自身もそう。だから、疲れているときは特に意識して抑揚をはっきりつけるようにしている。

声だけにしたとたん「不機嫌」に聞こえやすくなる

相手とじかに会うときは、さまざまなコミュニケーション手段が使える。手段はたくさんあるが、おもなものは4つ。「言葉」「声のトーン」「ボディランゲージ」「顔の表情」だ。ところが、電話で話すときにはそうした手段が見えない。この場合、コミュニケーション手段はいくつあるだろうか？　答えは2つ、「言葉」「声のトーン」だ。つまり、こちらのボディランゲージや顔の表情を、「声のトーン」によって伝えなくてはならない。

電話での話し方がニュートラルだと、たいていは少し不機嫌だと解釈される。電話の場合、メッセージを解釈する手がかりは声だけだ。そのため、対面のときと同じ効果を得るには、語調を強めなければならない。対面のときよりも声に活気を持たせ、より抑揚のある話し方をすれば、それが手がかりとなり、こちらの意図どおりのメッセージが伝わる。

ここでも、やはり意識することが重要だ。あなたの声のトーンはどんなものだろうか？　変化に富んでいる？　それとも単調な感じ？　その話し方で本当に送りたいシグナルが送られているだろうか？

また、ストレスを感じているときは、どんな話し方になるだろうか？　ストレスを感じると、私たちは少ない言葉で伝えたり、単調な話し方になったりする。自分の送りたいシグナルが送れるように、ぜひ声のトーンを意識してほしい。

電話や文字でのやり取りについては、ここでは特に触れないが、本書の内容は、対面で話すときだけでなく、電話やメール、手紙でのやり取りにもすべて適用できる。

「温かな口調」がバッドニュースも受け入れさせる

相手との関係が対等でない場合、声はさらに重要になる。

そうした上下関係は、上司と部下のような社内の序列にかぎらない。たとえば、会話のテーマについて、どちらかいっぽうの人が精通している場合もそうだ。

医師は、医学知識をとおして権力がある。このほか教師、さまざまな分野の専門家、カスタマーサービス担当者など、幅広い職種でいえる。

おもしろい研究を紹介しよう。職場の上司がポジティブなトーンとネガティブなトーンで話した場合に、社員の反応がどう変わるかを明らかにしたものだ。リーダーの感情豊かな話し方には大きな影響力があるため、それが社員たちに「伝染」する可能性がある。

実験は、上司が悪い知らせやうれしい知らせを社員に伝えるという形で行われた。「きみが目標を達成しなかったので私は落胆している」という言葉を温かい口調で伝えた場合、どの社員もそれをポジティブな対話として受けとめた。

逆に、「きみは目標を達成した」という、うれしい知らせを怒っているような口調で伝えると、うれしい知らせとして受け取れなかった。

変化に富んだ声のトーンは活力を生み、相手はポジティブに解釈する

また、上司がポジティブな口調で話すグループの被験者は、グループ内の雰囲気がよくなったと報告した。しかも、そのグループは作業をうまく調整し、少ない労力でたくさんの仕事をこなしたという。

いっぽう、ちょくちょく不機嫌になる上司のグループは、協調性に欠け、仕事もあまりはかどらなかった。

人づきあいの達人になれる4要素

あなたのコミュニケーション能力は、「言葉」「声のトーン」「ボディランゲージ」「顔の表情」という、この4つのコミュニケーション手段をうまく使えるかどうかで決まる。この4つすべての使い方を身につけて磨きをかければ、人間関係はより円滑になるだろう。

「言葉」「声のトーン」「ボディランゲージ」「顔の表情」は、私たちの脳のハードウェアが読みとっている。このハードウェアは、何百万年にもわたって改良が重ねられた生物学的なメカニズムだ。

脳で起きていることをふまえて、それに見合った行動をとれば、人づきあいのスキルは驚くほど伸びるはずだ。

それにより毎日の生活のなかで、たくさんの好ましい人間関係が築けるだろう。

2章で手に入れたツール

▼第一印象

・背筋を伸ばし、両足に均等に体重をかけて立つ
・にこやかな表情で、アイコンタクトをとる
・手のひらを見せるなどオープンなジェスチャーを使いながら、親しみをこめた口調で話す

▼ボディランゲージの心得

・相手／集団のほうを向く。そのときは両足のつま先も向けること
・相手のほうに、わずかに身を乗りだす
・アイコンタクトをとる
・状況に応じて、手のひらが見えるようにする

▼顔の表情

・笑顔は、人との出会いや交流を成功させる近道

・本当に送りたいメッセージが送れるように、自分の顔の表情を意識する

▼声のトーン

・変化に富んだトーンは活力を生み、ポジティブに受け取られる
・本当に送りたいメッセージが送れるように、自分の声のトーンを意識する

▼コミュニケーションの手段

・言葉
・声のトーン
・ボディランゲージ
・顔の表情

3章に進む前に

あなたの普段のボディランゲージ、顔の表情、声のトーンはどんなものだろう？

適切なシグナルが送れるように改善できることはあるだろうか？

3章

わるい話

伝え方とは「受け取られ方」を決めること

相手にとって悪いことを伝えるのは、決して気分のいいものではない。伝えられる側はもちろん、伝える側だって気が重くなる。

悪い話は、さまざまな手段で伝えられる。嫌なことを知らされた相手は精神的なダメージを受けるが、**それを「どう伝えるか」によって相手のダメージが和らぎ、いくらか対処もしやすくなる。**

私の知人は、電話であわただしくガンを告知された。別の知人は、よりによって休暇に入る前日の金曜日に解雇を通告された。

残念ながら、悪いことを伝える側が、何の配慮もなく伝える例があとを絶たない。理不尽な話だが、ストレスフルな世の中で生きていれば当然かもしれない。

だが、**言葉は、それを「どう伝えるか」で、相手の受け取り方も違ってくる。**伝えにくい話なら、なおさら伝え方に気を配らなければいけない。

恐れると失敗する

相手にとって嫌な話を伝えるときは、何の意識もせず伝えてはいけない。きちんと戦略を立てる必要がある。ところが、たいていは、その戦略が欠けているため、よい伝え方ができない。

たとえば、伝えるのを先延ばしにしたり、できるだけ早く済ませたくて相手に質問する隙を与えなかったり、というように。悪い話を伝えるときにいちばん大切なことは、「自分が今、何をしているか」を意識することだ。

また、それが伝えにくい話であるほど、入念な準備が必要になる。相手にどう働きかければいいか、あらかじめ考えておかなければいけない。

何より心がけるべき点は、相手が精神的にダメージを受けたときのネガティブな感情を恐れないことだ。悪い話を伝えるときに問題が生じるのは、この恐れのせいであることが多い。

相手にとって嫌な話を伝えるのは誰だって気まずい。だから、できるだけ早く済ませたいし、少ない言葉で手短に伝えたくなる。でも、この罠に落ちてはだめだ。しっかり準備しないといけない。話を伝える相手にも、その状況にも、真摯に向き合おう。

相手のネガティブな感情を避けようとせず、それに堂々と向き合うことが大切だ。つまり、相手の話を傾聴し、思いやりを示し、その状況を理解していることを言葉で表現しよう。そうすれば、あなたが寄り添っていることが伝わる。


悪いことを伝えなくてはならないとき、たいていの人は、その相手に会うまでの数日間を不安な気持ちで過ごす。でも、これは当然だ。誰だって、ネガティブな感情に直面するのは避けたい。悪い話を伝えたら、相手の内面には、きっと強い感情が湧きあがるだろう。よくあるのは怒り、恐れ、悲しみ、恥だ。

そして、話を伝えるほうも、受け取るほうも、その影響を受ける。

そのため、悪いことを伝えるときは、相手の感情に対処しなければならない。その感情を恐れないでほしい。**思いやりと理解を示せば、そうした感情は和らげられる。**

悪いことを伝えられた相手は、おそらく罪悪感を覚えるだろう。何かに失敗したような感覚にとらわれる。たとえば「仕事がちゃんとできなかったんだ」というように。つまり、その話を個人的にとらえてしまうのだ。相手の身になって考えれば、そうした反応も当然だと思えるはずだ。

いっぽうで、相手のなかにどんな感情が湧きあがろうと誰も責めることはできない。きちんと準備をして、最善の方法で話を伝えたなら、自分の役割を十分果たしたことになる。そのとき、相手のネガティブな感情を取り込まないようにしよう。それを家に持ち帰ってはいけない。そんなことをしても誰も得をしない。あなたも、話を伝えられた相手も。

悪い話を伝えるときは、自分が相手と同じ立場ではないこともわきまえる必要がある。あなたが伝えることは、相手のメンタルに影響を与える。あなたは、あくまでも伝える側の人間で、あなた自身がその知らせによって傷つくわけではない。

自分の伝えることが相手の人生の一部を台無しにするかもしれないし、そのために相手が深刻な状況におちいるかもしれない。それを意識してほしい。

また、悪い話を伝えると、ある種の対立も生じる。なぜなら、その話は相手の望みと相反するからだ。対立は怒りにつながり、怒りは苦痛を呼び起こす。

だからといって、相手が何をしてもいいわけではない。あなたにも許容範囲があることは示すべきだ。たとえば相手が攻撃的になり、あなたが脅威を感じる場合。こんなときは、あくまでも冷静でいよう。終始、努めて穏やかでいよう。

たとえ相手のワニとサルが目覚めても、あなたはヒト脳でい続けよう。

「憶測」は話さない

では、悪い話を伝えるにあたり、できるだけ相手のダメージを抑えるには、具体的に何をすればいいのか？

脳の3つの層、ワニ脳、サル脳、ヒト脳は、悪い話を聞いたときも含め、そのときの状況に応じて目を覚ます。そのため、話を伝える側は、ワニ脳、サル脳、ヒト脳すべてとコミュニケーションをとる必要が出てくる。どれも状況はまったく違うが、それぞれに守るべきルールがある。

相手にとって嫌な話を伝えると、相手の「脅威システム」が発動する。このとき、相手は脅威と危険にしか意識が向かなくなる。

8章でも詳しく述べるが、臨床心理学者のポール・ギルバートは、人間にこうした行動をうながすシステムのモデルを考案している。ギルバートによれば、脅威システムが発動すると、差し迫った危険に意識が集中し、体内でストレスホルモンの分泌が増え、自分が無防備で弱いという感覚にとらわれるという。相手の脅威システムが発動しているときは、目の前にワニがいると考えよう。

脳のそれぞれの層について見る前に、次の鉄則を頭に入れておこう。

・悪い話は、必ず相手とじかに会って伝える
・時間は十分にとる
・準備をしておく
・はじめに「短い前置き」で話の要点を簡単に伝える。そうすれば、相手はどんな話が伝えられるのか、すぐにわかる
・説明は簡潔にする
・相手に対して批判的にならず、中立的な態度をとる
・伝えた内容を理解する時間を相手に与える。気持ちに寄り添う

・個人の視点と、広い視点の両方で相手の気持ちを代弁する。たとえば広い視点なら、「誰だって同じ気持ちになるよ」「きみひとりじゃない」「誰にでも抗議する権利はある」など
・必要なら、その決定がなされた理由を詳しく説明する
・自分の知っていることだけを伝える。憶測による話はしない
・解決志向《ソリューション・フォーカスト》〔何がいけないかではなく、どうすればいいかに焦点を絞った問題解決の手法〕による対話を心がける
・ひととおり話したのち、相手がどんな気持ちでいるか確かめる。別の人物とのコンタクトを希望したら、その人物を紹介する
・面談後も問題が解決しない場合は、その問題に関する情報を提供しつづける。よくわからないのは苦痛だ。情報がまったく入らないより、新しい情報はないと知るほうが気持ちは楽になる

単刀直入に「本題」に入る——ワニ語

ワニ脳に何かを伝えるときは、単刀直入に本題に入ること。そしてワニが求めるもの、つまりワニが理解しやすいように、短く、簡潔な言葉で、具体的に説明するのがポイント

だ。

悪い話を伝える場合は、あなたが心配している、あるいは残念に思っていることを示そう。そうすれば、あなたが親身になって考えていることが伝わる。また、相手もそれが重要な話であることを理解する。


あなたは、悪い話を伝えられたことがあるだろうか？　そのとき、まるで全身の血が凍りつくような感覚におちいらなかっただろうか？　これは、ワニ脳が危険を感知したときの「凍結」反応だ。つまり、身体が麻痺したように膠着《こうちゃく》する。

悪い話を伝えるときは、このワニ脳の代表的な3つの反応の1つが返ってくるものと心得よう。「凍結」「逃走」「闘争」のうちのどれかだ。

これは、人間のごく自然な反応だ。だから、**相手が攻撃的になったとしても、あなた個人に対する反応だと思ってはいけない。それは、相手が危険に出合ったときのごく自然なふるまいなのだ。**そのため、そうした反応が返ってくることを頭に置いておこう。

相手にワニ脳のふるまいが表れているかぎり、あなたはワニ語を使いつづけ、常に明瞭さを心がけなければならない。相手の反応を見きわめながら、それにふさわしい言語で対応しよう。

また、相手の辛い立場を理解していることを伝えて、サル脳に移行できるタイミングを探ろう。相手が攻撃的になるなど、ワニの３つの反応のどれかを示していたら、もう少しワニ語で話しつづけ、そのあとでまたサル語で語りかけてみよう。

「気持ち」は否定せず話す――サル語

相手がワニ脳モードから抜けだしたら、次はサル脳が相手だ。

この段階は、サルが求めるものを満たさなければならない。**思いやりを示し、相手の辛い立場を理解していることを伝えよう**。前に述べた「言葉」「ボディランゲージ」「声のトーン」を活用しよう。危機的な状況のとき、サル脳は心に響くような働きかけに敏感なので、声のトーンやボディランゲージがとても効果的だ。

サル脳モードの人は、自分の気持ちを表現したい、それを言葉で伝えたい、と思っている。これは、次の段階のヒト脳モードに移るのに好都合だ。言葉こそ、ヒト脳の守備範囲だからだ。相手が自分の気持ちを話したくなったら、そのタイミングでヒト脳モードに移れる。

だから、相手が自分の気持ちを表に出すことを許して、それを言葉にする機会を与えよう。そのとき、**その気持ちを決して否定してはいけない。**

サル脳からヒト脳に移行するには時間がかかる。もしかしたら、一度の対話では無理かもしれない。自然な成り行きに任せよう。先を急いでも、かえって移行を遅らせるだけだ。相手に理解を示さないまま、無理やり次の段階に進もうとしてはいけない。無理強いすると、相手がサル脳モードから抜けだすのに余計に時間がかかってしまう。スピードを上げれば速く進む、などという単純なものではないのだ。無理に速めても、あとで高い代償を払うだけだ。

相手の痛みに寄り添うのは大変だが、その痛みから目をそむけないで相手の気持ちに共感することが大切だ。

あれ、「ヒト脳」だったのに――慌てず作戦変更

サル脳の共感への欲求が満たされたら、ようやくヒト脳に移れる。

ヒト脳の段階では、今後のことが話し合える。筋道を立てて計画し、分析し、議論でき

悪い話を伝えるときの鉄則

- その状況について親身に考えていることを示す
- はじめはワニ脳が理解しやすい言葉で話し、次にサル脳に合わせて話し、最後にヒト脳に合わせて対話する
- 先を急がないこと。相手が求めるペースで進める
- 脳の3つの層、「ワニ脳」「サル脳」「ヒト脳」のどのふるまいが表れるかに目を光らせれば、どの言語で話せばいいかがわかる
- サル脳が共感と理解を求めていることを肝に銘じる。相手がヒト脳に移行したのち、またサル脳に戻って感情を吐き出すという流れも心得ておく。この場合、すぐサル語に戻らなければならない

るようになる。つまり、ヒト語が使える。

留意すべきは、**悪い話を伝えたとき、相手のヒト脳がまったく機能しなくなることがある**という点だ。

私たちが頻繁に使い、最も活用しやすいのがヒト語だ。だから、悪いことを伝えるときにはヒト語で伝えたくなるかもしれない。だが、まずはワニとサルの欲求を満たすことに集中してほしい。

一旦ヒト脳に移行しても、相手は簡単にサル脳に戻りやすい。これは、もはや法則といっていいだろう。というのも、私たち人間には、感情を表に出しきることが必要だからだ。

そのため、一旦ヒト脳に移っても、す

ぐにサル語に戻さなくてはいけないかもしれない。それを心得ておこう。そのあとでヒト脳に戻って、またヒト語が使えるようになるはずだ。

さて、ここまで3つの脳への対応について説明した。私たちはみんな、この3つの段階を経なければならない。こうした段階をとても速く経過できる人もいる。もっと時間がかかる人もいる。速さは人それぞれだ。

「私への反応」ではなく「脳のプロセス」でしかない

あなたが誰かに悪い話を伝えるとき、忘れないでほしいのは、**目の前にいるのはワニかサル、またはヒトのどれか**ということだ。

この3つすべての反応を予期し、どれであろうと尊重してほしい。相手の感情をキャッチするアンテナを張りめぐらせて、相手の欲求に応えなければいけない。

その欲求は、脳の3つの層のいずれかの情報処理のプロセスをとおして表れる。それを、あなたに対する反応だと思わず、相手の脳のいずれかの層の働きが活発化しているだけだと考えよう。

相手がワニ脳のふるまいを見せているとき、サル脳とヒト脳は機能していない。相手がサル脳のふるまいを見せているとき、ヒト脳は機能していない。脳は、そのように働く。とにかく、これを頭に入れておこう。きっと気持ちが楽になるはずだ。

相手の反応は、あなたのせいではない。これは、相手が悪い知らせを受け入れるときのプロセスなのだ。


理性的であると同時に腹を立てることは誰にもできない。

ダグラス・アダムズ（イギリスの作家、脚本家）

冷静に「脳」に対処する

伝える前――ワニ、サル、ヒトに備える

悪い話を伝える前は、準備をしておくことが大事だ。**「何」を伝えるか、それを「どのように」伝えるか、あらかじめ考えておこう。**

ワニ脳、サル脳、ヒト脳の求めるものに合わせた伝え方を考えよう。前述のように、いくつかの段階を踏むことを頭に置いておこう。

■伝えているあいだ――あなたは「ヒト脳」にとどまる

悪い話を伝えている最中は、ワニ脳、サル脳、ヒト脳のいずれかの反応が表れると心得ておく。これは自然なプロセスで、この3つの反応を予期しておけば対応がしやすくなる。心の準備が整えば、状況をコントロールしている感覚が生まれる。自分の感情を制御すればそれだけストレスが減り、あなた自身はヒト脳にとどまっていられる。

■伝えたあと――しばらく「ワニ」かも、と構えておく

悪い話を伝えたあとに起こりうる状況に備えよう。

たとえば、相手はワニ脳から次の段階になかなか移れないかもしれない。もしかしたら、あなたは最後までワニ脳のふるまいに対応しなくてはならないかもしれない。

伝える前、伝えているあいだ、伝えたあとの状況を心得ておけば、不安を感じることなく落ち着いて自分の役割が果たせるだろう。それにより、難しい状況から無事に抜けだすことができるはずだ。

私の考えでは、怒りとは、苦痛に対処できない弱さから生まれる。

アラニス・モリセット（カナダのシンガー・ソングライター）

私自身、私生活や職場で悪い知らせを受けたときのことを振り返ると、1つのパターンが見えてくる。

はじめは、ひどい寒気に襲われ、全身が凍りついたように硬直する。頭が混乱し、まともに考えることができない。だから、話を理解するための時間がいくらか必要になる。また、話は手短に伝えてもらいたい。それがどんな話かわかったとたん、理性的に考えられなくなるからだ。

次の段階では、内面にあらゆる感情が湧きあがってくる。それをあらいざらい吐き出したくなるかもしれない。話を伝える人には、私が感情を表に出しても恐れないで、共感してもらいたい。安心感があって、私が感情の渦にのまれていることを理解してくれる人がいい。はやばやと次の段階に移り、筋道を立てて話すのではなく、ただそこに一緒にいてほしい。

最初の衝撃が過ぎ去って、気持ちがいくらか落ち着いたら、頭のなかを整理したくなる。その問題について理性的に話し合いたい。「これは私にとって何を意味するのか？」「何ができるのか？」「ほかにとるべき道はあるか」など。

ワニ脳、サル脳、ヒト脳は、それぞれ表現の場を必要としている。話を伝える人には、どれも尊重して対応してもらいたい。できるだけ少ないダメージでその話が受け入れられるように。その状況としっかり向き合えるように。

3章で手に入れたツール

▼準備をする

・相手の立場になって考え、自分が相手と同じ立場ではないことを意識する
・3つの段階――「話す前」「話しているあいだ」「話したあと」について想定しておく
・相手にワニ脳、サル脳、ヒト脳のふるまいが表れることを心得ておく。危機的な状況では、誰もがそうした反応をするのを忘れないこと。それは、あなたのせいではない

▼悪い話を伝えるとき

・あなたが親身になっていることを示す
・相手がワニ脳モードであることを念頭に置いて話を切りだす。つまり、短い言葉で、明快に、具体的に、「何が起きているか」を伝える。そのあとでサル脳に移行し、理解と思い

やりを示す。相手が気持ちを吐き出すのを許し、その気持ちを肯定する。次にヒト脳に移り、その問題について論理的に語り、これからどうなるか、別の可能性はあるか、などについて話し合う

・先を急がない。相手が必要とするペースで話をする

・ワニ、サル、ヒトのふるまいに目を光らせる。どのモードが表れるか注意していれば、どの言語を選べばいいかわかる

・サル脳は思いやりと理解を求めている。親身になって対応しよう

4章に進む前に

あなたは、これまでに悪い知らせを受けたことはあるだろうか？　どのように伝えられただろうか？　もっとこうしてほしかったと思うことがあるだろうか？　それはどんなことだろうか？

あなたは、これまでに悪い話を伝えたことがあるだろうか？　それを、どのように伝えただろうか？　もっとこうすればよかったと思うことはあるだろうか？　それはどんなことだろうか？

あなたが悪い話を伝えなければならない場合、対処の仕方で改善できることはあるだろうか？

4章

やわらかくなる

「調和」をまとう

はじめて会った人なのに、たちまち好感を持った――そんな経験はないだろうか？　その感覚は、これといった理由もなく電光石火のスピードで湧きあがったのでは？

あなたは、ちょっと驚きながら思うかもしれない。「どこからこんな気持ちが湧いたんだろう？　なぜこんなふうに感じるんだろう？」

これとは逆に、たちまち嫌悪感が湧きあがることもある。

脳の高速道路「スピンドルニューロン」

初対面の人と会うとき、脳では何が起きているのか。なぜ、一瞬のうちに好感や嫌悪感を覚えることがあるのか。

じつは脳には、驚くほどの速さで情報を伝える特殊な神経細胞がある。この細胞は、そのときあなたがどんな状況にいようと、その場のあらゆる情報をすばやく吸いあげて、それにふさわしい行動がとれるよう、迅速に指令を送る。その指令とは、人類が脈々と受け継いできた反応、つまり危険に対する反応や、ほかの生物学的プログラムにもとづいた反応だ。

また、自分の性格形成に影響を与えた過去の体験や知識も、そうした反応に関わっている。

私たちは、物事をあるがままに見ているのではなく、「自分」というレンズをとおして見ている。

アナイス・ニン（作家）

この特殊な神経細胞は大型で、情報をすばやく伝える。また、ほかの神経細胞と情報のやり取りをするための突起が、先端と基底部にしかない。ほかの神経細胞には、1万にもおよぶ突起があるのに、この神経細胞には上下2つしか突起がないのだ。

だから、この特殊な神経細胞は、ちょうど糸車の紡錘《スピンドル》のように見える。そう、眠り姫が指を刺して100年の眠りに落ちた、あれだ。そのため、この神経細胞は、「**スピンドルニューロン**」と呼ばれている。

スピンドルニューロンは、1929年にコンスタンティン・フォン・エコノモによって発見された。そのため、当初はフォンエコノモニューロン（VEN）と呼ばれていた。

ところが、このニューロンの働きそのものは、1990年代にアメリカの神経科学者ジョン・オールマンが解明するまでわかっていなかった。

オールマンは、脳のなかで社会的な意思決定をうながしているものや、複雑な状況ですみやかに行動できるようにしているものを探っていたが、その研究の一環として、このスピンドルニューロンの役割を発見した。そして1999年に、その論文がアメリカ科学アカデミー紀要（PNAS）に掲載される。

そういうわけで、はじめにフォンエコノモニューロンと呼ばれたニューロンが、オールマンによってスピンドルニューロンと名づけられたのは、わりと最近の話だ。

初対面の人にたちまち好感や嫌悪感を覚えるのは、このスピンドルニューロンが瞬く間に情報を伝えるからだ。このニューロンは独特の形をしているだけでなく、ほかのニューロンよりも大きい。いってみれば、このニューロンは高速道路なのだ。

道路が広くなれば、車は速く走れる。そのため高速道路には、人の命を守るための制限速度がある。ところが脳は違う。あなたの命は、脳の各領域に運ばれる情報のスピードが速ければ速いほど、安全なのだ。もし危険に遭遇したら、行動の速さが生死を分ける。すみやかに行動するには、脳の情報処理スピードが速くなければいけない。つまり、信号を高速で送る必要がある。

その役割を果たすのが脳の高速道路、スピンドルニューロンなのだ。

「情動」は一瞬で立ち上がる

スピンドルニューロンのスピードが速い理由は、3つある。

1つはスピンドルニューロンが、ほかのニューロンよりもずっと大きいこと。そのため、情報を伝える突起も太くて長い。これにより、ほかのニューロンとの不必要な接続を避けながら、情報をすばやく目的の場所に運べる。

2つ目の理由として、スピンドルニューロンには情報のやり取りをする突起が、先端と基底部にしかない。そのため、電気信号による情報があちこちに分散しなくて済む。

たとえば、1つのニューロンに数千個の突起があれば、電気信号はその数だけ分割され、次のニューロンに送られる電気信号は小さくなる。分割される数が少ないほど、次のニューロンに送られる信号は大きくなる。そして電気信号が強いほど、信号が伝わるスピードは速くなる。

3つ目の理由は、スピンドルニューロンに優先権があることだ。スピンドルニューロンの通行の妨げになるニューロンは強制的に止められ、スピンドルニューロンが信号の伝達を終えるまで待たなければならない。つまり、スピンドルニューロンは、ほかのニューロンの通行に割り込むことができるのだ。ほかのニューロンは、自分の番が来るまで待っていなければならない。

スピンドルニューロンが情報をすばやく伝達できるのは、こうした理由からだ。まさに、脳の高速道路と呼ぶにふさわしい。この働きが情動をうながし、一瞬のうちに行動することができる。

そのとき湧きあがった感情がポジティブなものなら、そこにとどまりたいと思う。ネガティブなものなら、立ち去りたいと思う。
そのため、スピンドルニューロンは**「情動の航空管制官」**ともいわれている。実際に、スピンドルニューロンの数は、論理的な思考をつかさどる左脳よりも、感情表現をつかさどる右脳のほうが約30％多い。

スピンドルニューロンの研究は、まだ始まったばかりだ。わかっているのは、このニューロンの数が人によって異なり、それが感受性のレベルに関わっているかもしれないということだ。

このニューロンはいまのところ、人間のほかに、サルと一部のクジラにしか見つかっていない。また、そうした動物と人間とでは、スピンドルニューロンの数に大きな差がある。そのため研究者は、人間が他者との複雑な関係に対処するうえで、このニューロンが一役買っているのではないか、と考えている。

大きな集団をつくることができるのは、人間ならではの能力だ。人間には、およそ8万個のスピンドルニューロンがあるといわれている。いっぽう、ゴリラにはおよそ1万5000個、チンパンジーにはたったの1500個ほどしかない。

相手の「アンテナ」に何を受信させるか

私たちが周囲の環境を敏感に察知し、とりわけ危険を感知したときにすばやく行動できるのは、スピンドルニューロンのおかげだ。

私は、よくこんなイメージを思い浮かべる。**私たちが、目に見えない「心の受信アンテナ」を立てて歩きまわっている姿だ。**そのアンテナで他者が心に抱いているものを感じとりながら、いちばんいい結果を得るにはどう対処すればいいか考えているのだ。

この人は私に好意的だろうか？　こちらが警戒したり攻撃に出たりしたほうがいい理由はあるだろうか？

そうやって、相手に悪意がないという兆候をキャッチするまで、私たちは警戒を解かない。

医師のステファン・アインホルンは、著書『「やさしさ」という技術』［池上明子訳、飛鳥新社、2015年］のなかで、こんな話をよく耳にすると述べている。患者はみんな、やさしい医者に出会いたがっているというのだ。

自分の主治医がやさしいことがわかれば、もう警戒する必要はない。患者は、すぐにガードを解くだろう。

私はいつも、**もう危険はないと感じたとき、自分のアンテナが引っこむ**のを想像してしまう。誰かと話しているときに、相手の心が読めず、こちらに好意的だという兆候が感じとれないと、私たちは警戒しつづける。心の受信アンテナが、相手に悪意があるかどうか感知しようとする。「この人は味方か？　それとも敵だろうか？」と……。

こうした仕組みは、太古の時代の生活にもとづいている。

人類の祖先がまだ小さな集団で暮らしていた頃、彼らは近くに住んでいる集団のなかで、どの集団が友好的かを把握していた。そして、未知の集団が現れたときには、敵かどうか、すばやく見きわめる必要があった。

彼らは、われわれを攻撃して洞窟や食料を奪うつもりだろうか？　それとも、平和に共存できるだろうか？

生き延びるにはどんな行動をとるべきか、すばやく直感的に判断する必要があった。こんなときの強力なツールとして、人類の命を繰り返し救ってきたのが心の受信アンテナ、つまりスピンドルニューロンなのだ。

「友好的なサイン」は何より強い

心の受信アンテナはいつでも作動する。とりわけ初対面の人と会ったときは、その相手がどういう人間かわからないので感度が強くなる。

人類の祖先は、まわりの人間が敵ではないという兆候を常に必要とした。まわりの集団や人物に、友好的な兆候が見られない場合、その兆候が見つかるまでアンテナは引っこまなかった。

また、集団の一員であっても、その集団から追放されないように、まわりと良好な人間関係を保つことが不可欠だった。仲間はずれにされるのは、死の宣告に等しかったからだ。そのため、リーダーや仲間とうまくつき合い、自分の居場所を確保することがきわめて重要だった。

彼らのアンテナは、集団のなかの自分の居場所が脅かされる兆候を警戒していた。そして自分が仲間から問題視されず、好感を持たれているという兆候が見つかれば、安心して警戒を解くことができた。

研究によると、サルは一日の75％を、互いに毛づくろいをし合うことに費やしているという。毛づくろいは、集団内で良好な関係を築いたり、仲間に好意を示したりする手段だ。サルにとって、仲間との良好な関係を維持することは何より重要なので、時間の大半が毛づくろいに費やされる。

あなたが誰かと会うたびに、相手は心の受信アンテナを立てて、あなたが自分に友好的かどうかを読み取ろうとする。そして、あなたも誰かと会うたびにアンテナを立てて、相手の心を読み取ろうとしている。

では、このアンテナ、つまりスピンドルニューロンをうまく活用するにはどうすればいいだろう？　日々の人間関係を円滑にするために何ができるだろうか？

まったく敵意がないのに、相手のアンテナから敵だと判定されるのを防ぐには、どうすればいいだろう？

「受け入れる」ことで生存本能を満たしている

相手の話に耳を傾け、その人を尊重し、その人の気持ちに寄り添えば、相手の心の受信アンテナを引っこめさせることができる。

他者に見られることや、話を聞いてもらうことは、人間の基本的な欲求だ。この欲求に真剣に対応すれば、こちらの善意が示せる。こちらの言動をとおして、相手の存在と欲求を受け入れていることが伝わる。自分の存在と欲求を受け入れてもらうことは、生存するための基本条件に他ならない。

人間が食料や水、睡眠など、生きるために必要不可欠なものが満たされたら、ほかに何を必要とするだろうか？　それは、**他者に見てもらうこと、理解してもらうこと、そして話を聞いてもらうことだ。自分の話を真剣に受けとめて重要視してもらうことだ。**

自分を見てもらえないと、私たちは不満を感じる。それは、自分をどう見るかにも影響する。「誰も私の話を聞いてくれない。私は耳を傾けるだけの価値のない人間なんだ」

人に見てもらいたい、話を聞いてもらいたいという欲求は、食料への欲求に匹敵するほど強力な生存欲求かもしれない。12世紀の皇帝の、ぞっとするような実験の話を知っているだろうか？

その皇帝は、何人もの赤ちゃんを乳母たちに育てさせた。ただし、乳母たちには赤ちゃんに話しかけることを禁じた。言葉を知らない赤ちゃんが自発的にどんな言葉を話しはじめるか知るためだ。ところが、赤ちゃんはみんな死んでしまった。人間は、自分の存在を認めてもらえない状況では生きてはいけないのだ。

他者から理解され、承認され、注目されることは、その集団に属している証だ。この証があることが、生存を可能にする。「この人は私を見ている。真剣に扱ってくれる。だから、私は仲間なのだ」

相手があまり友好的でない場合、私たちはその人を敵集団の一員とみなすかもしれない。職場にはさまざまな集団があり、それによって「私たちとめの人たち」という感覚が生まれることがある。私たちは常に、自分を見てくれる集団からの理解と承認を求めている。つまり、集団の一員だという確証を探している。

イタリアの研究者ジャコモ・リゾラッティによれば、脳内で情報を伝達しているシグナルのなかでも特に重要なのが「他者のふるまい」に関わるシグナルで、そのシグナルによって相手のイメージがつくられ、自分がどうふるまえばいいかを判断するという。

かつて人類は、周囲の集団と交わらない個別の（閉鎖的で画一的な）集団で暮らしていた。ところが、現代は、1人が1つの集団だけに属しているわけではない。たとえば、家族という集団の一員であっても、家族全員が同じ場所で暮らしているとはかぎらないし、家族という集団に属していると同時に、職場や学校、友人、ソーシャルメディアなど、多様な社会集団にも属している。

集団のありようがこれほど変わっても、帰属意識や自分の価値を認めてもらいたいという欲求は強く残りつづけ、そうした欲求が満たされるかどうかが生死を分ける大問題だった時代とまったく変わっていない。脳科学者マルティン・イングヴァルは、孤独が命を脅かすとさえ言っている。

そしてスピンドルニューロンもまた、人類の祖先がサバンナで身の危険にさらされながら暮らしていた頃と変わらず、いまも献身的に働いている。

共感とは「心が通じ合うこと」ではない

見ず知らずの人を、まだ会っていない友だちだと思いなさい。

アレキサンダー・ポープ（18世紀のイギリスの詩人）

私たち人間は、互いに見ることや、互いに話を聞くこと、時間をかけて相手の考えや気持ちを理解して共感することを心から求めている。

とはいえ、私たちがよく想像するような、互いに何も言わなくても心が通じ合う関係など、そうあるものではない。**そのとき相手が何を考え、どう感じているのかを、こちらが理解していると、ちゃんと言葉で伝えなければいけない。**

相手の話にじっくり耳を傾け、相手の考えや感情をすべて受け入れて、相手を理解していることをはっきり示せば、相手は自分の言葉や気持ちが重要視されていると感じる。

ストレスフルな日常生活では、何か問題が持ち上がれば、解決することばかりに目がいきがちだ。自分が有能で役に立つ人間でありたいと願い、問題を早く片づけたいと考えてしまう。

そのため、何か質問してきた人が、その内容を言い終えないうちから、その人が訊きたいことがわかったつもりで答えてしまうこともある。

また、こう考えることもある。「私は、この人が辛い状況にいることをちゃんと認識している。それは伝わっているはずだ。だから、もう問題解決の段階に移ってもいいだろう」

相手の立場でその状況を考えないと、こうした思考におちいりやすい。こんなときは、相手のスピンドルニューロンに語ろう。あなたが寄り添うべき相手は、スピンドルニューロンなのだ。

相手のスピンドルニューロンは、あなたが本当に親身になってくれているか100％確信したがっている。**あなたが相手の気持ちに共感してはじめて、相手のスピンドルニューロンは、あなたが親身になってくれていることを信じる。真剣に話を聞いてもらえたと思う。**それがはっきりわかるまで、スピンドルニューロンは諦めない。そして相手の状況が困難なものであるほど、スピンドルニューロンの警戒心は強くなる。

私たちは、自分のものの見方にとらわれすぎて、他者の見方を受け入れられないことがある。

少し前の話になるが、私は薬局で、薬を買う列に並んでいた。私の前に並んでいた男性客の順番が来たとき、彼は以前に買った薬をまた買いたいと薬剤師の女性に伝えた。すると女性は「処方箋がないとお売りできません」とそっけなく答えた。

男性客は反論した。「このあいだは処方箋がなくても、ちゃんと買えた」。だが、薬剤師の女性から返ってきた答えは、「処方箋がないとその薬は売れないので、それはありえません」だった。

2人の語気が荒くなってきた。男性客は、自分のほうが絶対に正しいと思っていた。そして、前は処方箋がなくてもその薬が買えた、と言い張り、怒りをあらわにしはじめた。

薬剤師のほうも苛立ってきた。彼女もまた、処方箋なしにその薬が買えたはずがない、の一点張りだった。互いに譲らず、会話はどこまでも平行線だった。

やがて男性客は怒りが頂点に達して、店を飛びだしてしまった。

もしかしたら、どちらの言い分も正しかったのかもしれない。でも、互いに相手が間違っていると信じて疑わなかった。

もし薬剤師が、男性の話は本当かもしれないと少しでも考えられたら、状況は違っていただろう。たとえ、その薬が処方箋なしでは売れないにしても、ただ突っぱねるのではなく、男性の話を真剣に聞いて親身に対応していたら、決裂などしなかったはずだ。

「聞く」は相手の話を「有効」にする行為

私は車で出かけるとき、行きつけの店の近くのパーキングをときどき利用する。パーキングの駐車券には、お金を支払ったぶんの時間まで「有効《バリッド》」と書かれている。

学校教育の課程では、生徒が身につけた技術や知識が「有効」、つまり正当なものだと承認する必要がある。正式な教育を受けたというお墨付だ。コミュニケーションの場合も同じで、相手の話を正当なものとして認め、受け入れることは「有効」にすることであり、介護現場などでは「**バリデーション**」という技法として知られている。

こんなふうに言われたことはないだろうか？「ちゃんと聞いてるよ。ようするに……と言いたいんだろう？」

こんな言い方をされたら、自分の話を真剣に聞いて理解してもらえたと思うだろうか？

理解してもらえたと感じさせるには、たくさんの言葉や文章で伝えなければいけない。つまり、相手のスピンドルニューロンが求めるものを「満たして」、心のアンテナを引っこめさせなければならない。

そこで、ここからは「バリデーション」について書きたい。「バリデーション」を知れば、なぜ相手の話に耳を傾けて共感することが必要か理解できるだろう。

「バリデーション」とは、簡単にいうと、**相手の話に耳を傾けて、その話を真剣にとらえ、こちらが理解したことが相手にきちんと伝わるようにすること**だ。

そうしてはじめて、相手の話が「有効」になる。その話を正当なものとして認め、受け入れたことになる。「受け入れる」ことと、「ああ、ちゃんと聞いてるよ」と言うのとではまったく違う。

そして、相手に「受け入れられた」と感じてもらうには、こちらはあることをする必要がある。**少しだけ自分の世界から離れて、「自分の見方を手放す」**のだ。自分の考えや、問題の解釈などはすべて手放し、相手に意識を集中しよう。そうすれば相手としっかり向き合うことができて、その人の考えや気持ちに寄り添える。

それをしないと、次の段階には移れない。

何もかも理解しなくていい。とにかく話を聞いて、それをその人の真実として尊重しよう。**たとえ理解できなくても、ただ受け入れよう。**

思いをあらいざらい吐き出したい人もいれば、すぐに問題に取り組みたい人もいる。心の受信アンテナの長さは人によって違うし、スピンドルニューロンの数も違う。感受性のレベルは人それぞれだ。

また、自分の弱いところを見せたくなくて、ポーカーフェイスになる人もいる。そんなときでも相手の悩みに共感を示せば、相手は仮面を外して、強さと弱さを持ち合わせたありのままの姿に戻るだろう。

ドライで合理的な現代社会では、何かを気にして思い悩んでいると「あの人は繊細だ」などと言われて、ネガティブに受け取られがちだ。でも、俳優のミア・シャーリンゲルはこう言っている。「無神経な人間でいるよりは繊細な人間でいるほうがいい」

とはいえ、「無神経」だって、見方を変えれば、大らかで楽観的だといえる。ようするに、互いの感受性を尊重し、相手が自分の気持ちを打ち明けたときは、「この人はこういう人だから」と決めつけて相手の気持ちを否定しないようにしなくてはいけない。我が子にも、他人にも「そんなの気にしすぎだよ」などと言ってはいけない。**状況によって、誰でもそうなるものなのだから。**それを表に出すか出さないか、だ。

ここで、スウェーデンの歌手インゲマル・オルソンの歌詞の一部を紹介しよう。

「私がどんな人間か決めつける前に、私の靴を履いて1マイル歩いてください。あなたのいつもの生活を離れて、私が見ているものをあなたの目で見てください。私の靴を履いて1マイル歩いてください。今日一日、私の道を歩いてください」

自分の考えをすぐ言ってはいけない

対話中にバリデーションをする場合、相手の気持ちや意見をそのまま受け入れ、理解し、尊重しよう。その意見に賛成する必要はないが、その人が自分の問題をどう解釈しているかは尊重しよう。**この時点では、こちらの考えや感情、問題そのものについて話してはい**

バリデーション

・自分を「ゼロ」にする。相手の世界を完全に受け入れて、自分の世界やものの見方、感情を一時的に切り離す
・親身になって相手の話に耳を傾け、アイコンタクトをとる
・相手の気の済むまで話を続けさせて、感情や考えを吐き出すのを許す
・相手の言葉をそのまま受け入れる
・共感を示す言葉を何度かかける

けない。少しのあいだ保留しておこう。

私たちの頭のなかでは、常に対話が行われている。これは、他者の話を聞いているときも止まらず、同時に進行する。

内なる声は、何を言うべきか、どうふるまうかなど、さまざまな提案をする。思考や感情を止めるのが難しいのは、そのためだ。私たちは、そういうことに慣れていない。

だが、バリデーションをするときは、自分を「ゼロ」にして、相手の世界を完全に受け入れ、自分の世界や視点、感情を一時的に切り離さなければならない。

親身になって相手の話を聞き、アイコンタクトをとろう。また、相手の非言語の表現もくみ取ろう。相手の考えに共感するような短い言葉

を何度かかければ、相手の発言を肯定していることが伝わる。

気の済むまで話を続けさせて、感情や思考をすべて吐き出すのを許そう。相手の言葉をそのまま受け入れることが大切だ。意識して相手の立場に立つこと。バリデーションをしているあいだは、相手の視点で考えなければならない。そして相手の問題を理解していることを示す言葉を何度かかけて共感を示そう。


人は、他者との相互関係があってこそ真の人間として存在できる。

マルティン・ブーバー（ユダヤ人哲学者）

『わかる』より『「辛い気持ち」なのはよくわかる』

バリデーションをすると、相手はまわりの人や集団から、自分の訴えていることが真実であり、正当な言い分だと認めてもらえたと感じる。また、軽んじられず温かく接してもらえたとも感じる。

バリデーションがうまくいかないと、その人は、自分の訴えが真実で正当な言い分だと認めてもらえていないと感じる。また、軽んじられ冷たくされたと考えて、守りの態勢に入る。そして心の受信アンテナが、安心できるような兆候を必死に探す。**「認められた／認められない」の感覚は、自分がその集団に「属している／属していない」の問題に直結する。**

私はこの集団の一員だろうか？　私の訴えていることを、彼らは真剣にとりあってくれているだろうか？　私という人間は重要視されているだろうか？

集団の一員かどうかは、生死に関わる問題だ。だから、バリデーションは時間をかけてじっくり取り組む必要がある。

これは、相手の信頼を得て、こちらの話を聞いてもらうための鉄則だ。

バリデーションには、さまざまなメリットがある。たとえば、相手の強い感情や反応がだんだんと和らいでいく。また、他者の話を聞くことで多くの気づきや学びが得られ、自分自身の知識も増える。

とはいえ、私たちは本当に他者を理解できるのだろうか？　もしかしたら、心から理解することはできないかもしれない。ひょっとすると、相手は怒りだすかもしれない。あなたが「気持ちはわかるよ」と言っても、相手は「きみにぼくの気持ちがわかるわけがない」と言い返してくるかもしれない。これは、相手がサル脳やワニ脳のモードのときに起きやすい。また、「気持ちはよくわかる」というような言葉は、口先だけの決まり文句として受け取られ、かえって反発を招く場合もある。

相手がサル脳モードなら、**「何を理解したか」を具体的に言えば、相手も納得するだろう。**「きみの気持ちはよくわかる」ではなく、たとえば「きみが難しい状況にあるのはよくわかる」とか「きみが辛い気持ちなのはよくわかる」と言うのだ。

何を理解したのか明確に伝えれば、相手は、わかってくれたと思うはずだ。しかし、相手がワニ脳モードなら、この方法は使えない。この場合は、こちらもワニ語を話さなければならない（39ページ参照）。


次に挙げるのは、哲学者セーレン・キルケゴールの有名な言葉だ。これは、まさしくバリデーションのことだ。

「ある人を特定の場所に導きたければ、何よりもまず、その人がどこにいるかを探して、そこからはじめることが大切だ。［中略］これができないのに自分は他者を助けられると思っているなら、それは思い違いだ。誰かを本当に救うためには、その人が理解しているより多くの物事を理解しなければならない——だが、何よりもまず、その人が理解していることを理解しなければならない。

それをしないと、自分がどれほどわかったと思っていても、相手を救うことはできない。にもかかわらず、自分はすべてわかっていると主張するなら、それは自惚《うぬぼ》れ、あるいは傲《おご》りであり、**相手のためを思っているのではなく、相手から称賛されたいだけなのだ**」

「見ていること」を感じさせる言葉

バリデーションの手法は、たくさんある。言語と非言語、どちらのコミュニケーションも使える。

心理学者のアンナ・ケイバーとオァサ・ニルソンは、弁証法的行動療法（DBT）について解説した著書のなかで、バリデーションのさまざまな手法について述べている。DBTでは、まず慎重にバリデーションをしてから次のステップに移る。

次に挙げるのは、DBTからヒントを得たものだ。

・相手の話にじっくり耳を傾ける
・相手がどんな気持ちでいるのか、よく考える
・相手の話を要約して言いなおし、こちらが正しく理解していることを示す

・相手の気持ちをくみ取り、たとえ相手が語らなくても、その思いをこちらが察していることを示す
・相手の話を否定しないで、理解する
・相手が問題を抱えていることに共感し、理解する
・相手を自分と対等にとらえ、誠実に接し、上からものを言うような態度をとらない
・必要があれば、自分にも相手と同様に弱いところがあるのを示す

いまの社会はストレスにあふれ、仕事が原因の精神疾患もかなり増えている。私たちには応援や励ましがもっと必要なのかもしれない。そうした応援があるのとないのとでは、ずいぶん違う。とりわけ辛い出来事に直面している時期には、それが必要だ。

普段の生活でどんどんバリデーションをすれば、接する相手の態度や姿勢も変わるはずだ。バリデーションの機会を探すときは、いつもまわりをよく観察すること。機会はあなたが思う以上に、たくさん転がっている。

作家で、子どもの発達の研究者でもあるL・R・ノストの興味深い名言を紹介しよう。

「毎日、子どもたちは何かにつけて同じ小さな問いを、いろいろな言い方で投げかけてくる。『ねえ、聞こえてる？』『私のこと見てる？』『ぼくって大切？』。子どもは大人を映す

鏡だ」

幼い子どもたちが大好きな「いないいないばあ」は、つまるところ、自分が見られることに喜びを感じる遊びといえるだろう。この遊びは、「あなたが見えない」「あなたが見える」「あなたが見えない」「あなたが見える」の繰り返しだ。そして、自分が見られているとき、子どもの顔が喜びでぱっと輝く。

小説家のヤルマル・セーデルベリは、著書『ドクター・グラス Doctor Glas』（未邦訳）で、こう記している。

「人は愛されることを望んでいる。それが叶わなければ、称賛されることを望んでいる。それが叶わなければ、恐れられることを望んでいる。それが叶わなければ、憎まれ、蔑《さげす》まれることを望んでいる。［中略］**人は忘れ去られることを身震いするほどに恐れ、どんな代償を払ってでも人とのつながりを求める**」

会話は「交代」でする

バリデーションをするときには、会話をリードしなければならないことが多い。

社交ダンスを例にとろう。社交ダンスは、必ず片方がリード役になり、もう片方がフォロー役を務める。会話は、いってみれば言葉のダンスだ。この場合、リード役とフォロー役を交互に務める。つまり、交代で会話をリードしたり、聞き役になったりする。

役割を交代で務めるのは、あらゆるコミュニケーションの基本だ。そうしないと、会話は命令や指示の連続でしかなくなる。それではコミュニケーションにならない。

私たちは、指示ばかりする人とはあまり一緒にいたがらない。そういう人といるとエネルギーを消耗するし、そこには人間同士の交流もない。集団の一員だという感覚も、安心感も生まれない。「私の話をちっとも聞いてくれない。私のことはどうでもいいの？　だとしたら、私はこの集団の一員といえる？」

生きるうえで欠かせない集団への帰属意識は、会話の重要なポイントだ。**会話中ずっと、私たちは自分に何か問題はないか気にかけている。**その会話や面談のテーマが何であろうと、だ。だからこそ、会話が一方的にならないように、聞き役とリード役を交互に務める必要があるのだ。

また、フォローとリードのバランスをとることも大切だ。

フォローするときは、相手にペースを合わせなければならない。これも、社交ダンスと同じ。相手の話に耳を傾け、バリデーションを心がけよう。

いっぽう、リードするときは、会話が脱線せず正しい方向に進むように舵《かじ》を切らなければならない。

相手の話を聞いて共感するほうが簡単だと思う人もいるだろう。反対に、自分がリードして会話を進めるほうが楽な人もいる。両方とも得意な人もいるし、会話そのものが苦手な人もいる。

あなたはどうだろう？　簡単だと思うのは、それが得意な証拠だ。相手の話を聞いて共感するのは簡単だけれど、会話の主導権を握るのは苦手だと思うなら、バリデーションが得意な人だ。逆に、会話の主導権を握るのはたやすいけれど、相手の話に何度も共感を示すのは苦手だと思うなら、会話の舵を切りながらリードするのが得意な人だ。

コミュニケーションを成功させるには、聞くこととリードすることのバランスをとらないといけない。あなたは、このバランスがうまくとれているだろうか？　うまくとれるようになりたいだろうか？

一旦信じることの大切さ
――「スイカ」を「ドラゴン」と言われても

相手が自分の話に耳を傾け、自分を尊重してくれていると感じると、私たちはその相手を信用する。

とはいえ、人は他人をたやすく信用しない。では、信用される人は何をしているのだろう？

ここで、ある寓話《ぐうわ》を紹介しよう。何より信用がものをいう村の話だ。


「その昔、パタゴニアの山奥に小さな村があった。村人たちは飢えに苦しんでいた。というのも、畑にドラゴンが1匹いるのを見たため、誰も怖がって畑に寄りつかなくなり、作物を収穫できなかったからだ。

そんなある日、旅人が1人、村にやって来た。その男は食べ物を分けてほしいと村人に頼んだ。村人は、畑にドラゴンがいるから何もやれないと答えた。すると男は勇敢にも、ドラゴンを退治しようと申し出た。ところが、男が畑に行くとドラゴンなどどこにもおらず、巨大なスイカが1つ実っているだけ。彼は村に戻って、その話をした。すると村人たちは怒り狂って、男をめった切りにして殺してしまった。

数週間後、その村に別の旅人がやって来た。その男も食べ物を分けてほしいと頼んで、ドラゴンの話を聞かされた。この男も勇敢で、前の旅人と同じように、ドラゴンを退治しようと申し出た。村人は大喜びした。男が畑に行くと、やはり巨大なスイカしか見当たらない。彼は村に戻り、スイカをドラゴンと見間違えたのだろう、と村人たちに言った。スイカを怖がる必要はない。だが、この男も村人の怒りを買い、ばらばらに切り刻まれてしまった。

ときは過ぎ、村人たちは絶望していた。ある日、3人目の旅人が村にやって来た。その男は村人が絶望しているのを見て、わけを訊いた。村人は悩みを打ち明けた。この男もやはり、ドラゴンを退治してあげようと申し出た。だが、男が畑に出てみると、例によって巨大なスイカがあるだけだった。

男は剣を抜くと、まっすぐ畑に飛び込んだ。そして、そのスイカを粉々に切り刻んだ。それから村人たちのところに戻って、『ドラゴンは退治しましたよ』と告げた。村人は歓喜して躍りあがった。その後、旅人は数か月ほどその村にとどまって、ドラゴンとスイカの違いを村人たちに教えてやった」

最初に村を訪れた2人の旅人と、3人目の旅人の命運を分けたものは何だったのか？

はじめの2人は、自分のものの見方にもとづいて村人と接した。いっぽう、3人目は村人の見方にしたがった。これはまさにバリデーションだ。3人目の旅人は、村人の話を聞き、それを受け入れて、話を信じていることを示した。その結果、村人の信頼を勝ちとり、自分の話にも耳を傾けてもらえた。**信用とは、相手の立場からはじめることで生まれるの**だ。

パソコンやタブレット、スマホを同期すれば、複数のデバイスを同時にアップデートできる。同期すると、すべてのデバイスの中身は同じになる。これと同じように、バリデーションをするとき、私たちは、自分を相手と同期させて相手のファイルを読み込んでいるのだ。それによって、相手の立場で考えられるようになる。

やわらかい要求

聞き役になったり会話をリードしたりするのは、さまざまな状況で役に立つ。たとえば、話が行き詰まって進まないとき。

建設的な方向にリードするには、こんな方法がある。「話がなかなか進まないですね……どうやら行き詰まってしまったようです。では、こうしてみてはどうでしょう……」

最初の2つの発言は、自分と相手の考えが同じであることを示し、あとの発言は会話をリードするフレーズだ。

つまり、**いくつか「相手と同期する」発言をしてから、リードするフレーズを続けるの**

だ。こちらが相手と同じ考えであることを示してからリードする発言をすれば、双方が同じ立場にいることが伝わり、相手もすんなり受け入れてくれるだろう。

ほんのいっときでも相手は自分が集団の一員で、真剣に考えてもらっていると感じる。その結果、こちらの言うことに耳を貸してくれるはずだ。

また、会話をリードするには、相手に「オープンクエスチョンを投げかける」という方法もある。自由に答えられる質問を投げて、その問題に対する相手の考えを引き出すのだ。たとえば「私にできることはありますか？」「ベストな解決策は何だと思いますか？」など。

またクローズドクエスチョン、つまり答えが限定される質問をする方法もある。「……というやり方がありますか。あるいは、……というやり方もあります。どちらがいいですか？」特定の方向に誘導する質問をすることで、相手は会話に参加し、自分の意見を言う。そうやって適切な方向に会話の舵を切るのだ。

究極のクローズドクエスチョンは、相手にイエスかノーで答えさせるものだ。この場合、答えは1つだ。たとえば「私が考えている提案を聞いてもらってもいいですか？」「1つ提案をしてもいいですか？」などだ。

提案やヒントを出してもいいか許可を求めれば、相手はそれに答えざるをえない。**質問に答えたり、会話の結果に影響を与えたりする立場になれば、こちらの提案に耳を貸してくれる可能性が増える。**もし、あなたが「きみはこうするべきだ」と言ったら、相手はどんな態度をとるだろう？　その場合との違いを考えてみよう。

たとえば、みんなで食卓を囲んでいるときに「塩を取ってもらえますか？」と言う。これは、要求を**やわらかい問いかけ**の形で伝えている。要求をやわらかく伝える言いまわしは、ほかにもある。「もしよければ……」「……してくれるとありがたいです」「……してくれたらうれしい」などだ。

20年ほど前、私はある学校で学期末のイベントの司会を務めた。そのイベントには生徒が60人ほど参加していて、コース料理のディナーも含まれていた。生徒のほとんどは、長時間じっと座っているのに苦痛を感じたはずだ。

イベントの進行が予定より遅れたため、私はディナーを中断して生徒たちに休憩をとらせることにした。とはいえ、生徒にしばらく席を離れて自由にしていいと言えば、すんなりまた着席させるのは至難の業だ。

次のプログラムの準備ができると、私は、きっぱりと、しかし親しみを込めて言った。

「さあ、みんな、席に戻りましょう」。私は身体全体を使ったボディランゲージで、生徒たちにどう行動すべきかを示した。すると全員がすっと席に戻り、またイベントを続けられた。

イベントが終わると、校長と教頭が私のところに来て言った。「生徒がみんな戻ってきて、ちゃんと席に着くなんて、いったい何をなさったのですか」

私は驚いて、２人の顔を見返した。

２人とも、私が休憩をとってもいいと生徒に言ったとき、かなり気を揉《も》んだという。生徒たちをもう一度スムーズに着席させるなんて、絶対に無理だと思ったようだ。

私は、自分が何をしたのか振り返ってみた。あのとき私は、言葉やボディランゲージ、声のトーンによって自分の要求を明確に伝えた。実質的には「命令」だったけれど、**あくまでも親しみを込めた、快活な口調で伝えた**。それにより、どの生徒も、言われたとおりにしようと思ったのだ。

やわらかい言いまわしや問いかけの形で要求を伝えれば、相手を威圧することなく、明確にメッセージが伝わる。

相手が自分の考えを発言できれば、相手にとってそれは集団の一員だという証だ。

友好的に、そして明快に会話をリードする

- 相手と同じ立場にいることを示すため、いくつか「相手と同期する」発言をしてから、リードするフレーズを続ける
- オープンクエスチョンでリードする。「……についてあなたはどう思いますか？」
- クローズドクエスチョンでリードする。「1つ提案をしてもいいですか？」
- 親しみを込めた言葉や口調でリードする

また、要求は親しみを込めた言い方で伝えれば、相手を好意的に思っていることや、同じ集団の仲間であること、手助けしたいと思っていることが伝わる。

心の受信アンテナは、他者が自分に好意的かどうかを常にチェックしているため、親しみのこもった言葉や口調に敏感に反応する。

そのため、こちらがやさしく接すれば、相手は警戒を解き、歩み寄ってくれるだろう。

4章で手に入れたツール

▼バリデーションの基本

・自分を「ゼロ」にする。相手の世界を完全に受け入れて、自分の世界やものの見方、感情を一時的に切り離す
・親身になって相手の話に耳を傾け、アイコンタクトをとる
・相手の気の済むまで話をさせて、気持ちや考えを吐き出すのを許す
・相手の言葉をそのまま受け入れる
・共感を示す言葉を何度かかける

▼バリデーションの手法

・相手の話にじっくり耳を傾ける
・相手がどんな気持ちでいるのか、よく考える
・相手の話を要約して言いなおし、こちらが正しく理解していることを示す
・相手の気持ちをくみ取り、たとえ相手が語らなくても、その思いをこちらが察していることを示す

・相手の話を否定しないで、理解する
・相手が問題を抱えていることに共感し、理解を示す
・相手を自分と対等にとらえ、誠実に接し、上からものを言うような態度をとらない
・必要があれば、自分にも相手と同様に弱いところがあるのを示す

▼明快さと敬意を心がけてリードする

・いくつか「相手と同期する」発言をしてから、リードするフレーズを続ける
・オープンクエスチョンでリードする「あなたは……することについてどう思いますか？」
・クローズドクエスチョンでリードする「1つ提案をしてもいいですか？」
・親しみを込めた言葉や口調でリードする

5章に進む前に

あなたは会話のなかで、どのようにバリデーションを活用しているだろうか？　改善すべき点はあるだろうか？

あなたは、どのように会話をリードしているだろうか？　改善すべき点はあるだろうか？

あなたは、聞くこととリードすることのバランスがとれているだろうか？　改善すべき点はあるだろうか？

5章

伝染

まずはあなたの感情が肝心だ

買い物をした店のレジ係が、とても感じのいい人だった……そんな経験はないだろうか？　やさしく微笑み、親しみを込めた口調で「ありがとうございました。素敵な夜をお過ごしください」などと言って、あなたを驚かせる。レジ係の笑顔はあなたに伝染《うつ》り、あなたも微笑み返している。

もしかしたら、これとは逆の経験をしたかもしれない。そのレジ係は、レジの前に並んだ長い列を見て、うんざりしたようにため息をつく。あなたが挨拶しても、うつむいたまま、ほとんど聞きとれない声で不機嫌そうに「いらっしゃいませ」とつぶやく。そして列に並ぶ客がどんどん増えるのを横目に、あなたが支払いを済ませるのをいらいらしながら待っている。

このレジ係2人の対応の違いがおよぼす影響は大きい。にこやかで感じのいいレジ係の場合、あなたは元気をもらって楽しい気分になり、家に帰る足取りも軽くなるだろう。いっぽう、愛想の悪いレジ係の場合は、あなたまで不機嫌になり、きっと、むしゃくしゃしながら家路につくはずだ。

あなたの家の近くに、スーパーマーケットが2軒あるとしよう。どちらの店も品揃えは同じで、値段も変わらない。ただし、いっぽうの店のレジ係はとても感じがよく親切で、もういっぽうのレジ係は早く家に帰りたいと思いながらレジにいる——あなたはどちらの店を選ぶだろう？

私たちは、他人の感情にいとも簡単に「伝染」してしまう。

別の例を挙げよう。あなたが会議に出席しているときに、出席者の1人があくびをした。こういうとき、たいていは、ほかの出席者も何人かあくびする。そして、それを見ていたあなたも、あくびがしたくなってしまう。

あるいは映画館や劇場、講演会に行ったとしよう。ふいに観客席の誰かが咳《せき》込みはじめた。こんなときもあくびと同じで、たちまちほかの客も、少なくとも数人は咳をしたり咳払いしたりする。そして、あなたも、なんだか咽喉がいがらっぽくなってくる。

いま、これを読んで、ちょっと咽喉がいがらっぽくなってきたのではないだろうか？

私たちはなぜ、まわりで起きることにこんなにも影響されるのか？　笑顔、不機嫌な態度、あくび、咳など、あらゆるものが「伝染」するのはなぜだろう？

脳は見たことを「自分ごと」化する

なぜ、1人の人間に起きたことが、こんなにも簡単に伝染してしまうのか——その謎を解き明かしたのが、1990年代半ばにイタリアで行われた興味深い研究だ。

この画期的な発見をしたのは、アインシュタインを思わせるもじゃもじゃ白髪頭の研究者、ジャコモ・リゾラッティとその研究チームだ。いま、そのリゾラッティはノーベル賞候補として注目されている。

長年にわたってサルの脳を調べていたリゾラッティは、ある実験の指揮を執ることになった。ものを持ち上げるなど、目的のある動作を制御する神経細胞が、どのように働いているかを調べる実験だ。具体的にいうと、サルが木の実やバナナを取るときに、脳のなかでどんな現象が起きるか確かめるというものだ。

サルがその動作をすると、脳の特定の神経細胞のシグナルが記録される。研究者はそれを見て、脳内の様子を知ることができる。技術が進歩したおかげで、脳で起きていることがリアルタイムでわかるようになっていた。

研究チームは、入念に準備した。2匹のサル（マカクザル）を用意して、脳内を映しだす機器を設置した。サルの手が届く場所に、木の実とバナナを置いた。いったいどんな結果になるだろう。研究者たちは、期待と好奇心に胸を躍らせた。このときはまだ、驚くべき発見をすることになるとは夢にも思わなかった。

実験がはじまって、サルがバナナに手を伸ばしたとたん、さっそく脳の活動が記録され、画面に脳の画像が映しだされた。リゾラッティたちは、それを興味津々で見守った。

ふと、1人の研究者が目の前にあったバナナを食べようと、1本手に取った。すぐ近くにいたサルが、それを見ていた。そのとき、研究者らは、機器の画面を見て目を疑った。

画面に映っていたのは、サルがバナナを1本取ったときとまったく同じ画像だった。とはいえ、そのサルは、研究者がバナナを取るのを見ただけだ。

研究者たちは考えた。ひょっとして機器に不具合が起きて、前の画像が映ったままなのかもしれない。なにせ起きるはずのないことが起きているのだから。研究チームは、機器をかたっぱしからチェックしたが、おかしなところは何も見つからなかった。

バナナを食べた研究者が、もう1本食べようと、またバナナを手に取った。すると、画面にまた同じ画像が映った。

研究者たちはその場に棒立ちになり、その画像を食い入るように見つめた。いったい何が起きているんだ？　バナナを取ったのは人間なのに、なぜ画面にはサルが取ったときと同じ画像が映っているのか？

ぶっきらぼうな「ただいま」がトゲのある返事を呼ぶ

やがて研究チームは驚きとともに、こう結論づけた。人間がバナナを取るところを見ただけで、サルの脳内で「サルが自分でバナナを取ったとき」と同じ現象が起きる。つまり、脳の画像を見るだけでは、誰がバナナを取ったかわからない。サルかもしれないし、研究者かもしれない。

ようするに、こういうことだ。**他者の動作を見ると、それが自分の動作であるかのように脳が反応する。**反対に、**他者がこちらの動作を見たときも、その人の脳で同じ反応が起きる。**

となれば、毎日毎日、四六時中、誰もが自分の脳で起きていることを他者に伝染《うつ》していることになる。これは責任重大だ。また、厄介な問題でもある。人間の行動は日々、互いに依存し合い、相手に強く影響されているのだ。自分の脳が変わってしまうことさえある。だからこそ、人づきあいは接し方が肝心だ。これを知れば、次のガンジーの名言が、さらに意味深く感じられるのではないだろうか。

> 私たちは世界を映している鏡にすぎない。
> 外の世界のあらゆる傾向は、私たちの内なる世界で見つかる。
> そして、自分を変えることができれば、世界もきっと変わる。
>
> ガンジー（インドの政治指導者）

ちょっと想像してほしい。あなたは職場での長くストレスフルな一日を終えて、くたくたになって家に帰ってきた。そのときの「ただいま」のひと声が、そんなつもりはないのに、少しぶっきらぼうになってしまった。

その態度は、そっくり家族に伝染する。家族もまた、少しぶっきらぼうな返事をするだろう。もしかしたら、むっとして言い返してくるかもしれない。するとあなたは、たまっていたストレスが一気に噴きだして、怒りを爆発させる。それがきっかけで、喧嘩《けんか》がはじまるかもしれない。

もちろん、誰だって疲労やストレスを抱えることはある。それでも、自分が送るシグナルや、そのシグナルが他者に与える影響は意識したほうがいい。とりわけ、疲労やストレスを抱えているときは、その場かぎりの対応ではなく、**その後どうなるかを見越して対応しよう。**

ありのままの自分でいてもいいじゃないか、と思う人もいるかもしれない。もちろん、それも正しい。ただ、私たちは何も考えずに、単なる習慣からふるまっていることが多い。

本当にそうしたくてしているのだろうか？　本当にそれがありのままの自分なのだろうか？　人から教えられたことや経験から学んだことを、ただ繰り返しているだけではないだろうか？

「**ミラーニューロン**」という細胞の存在を知って、自分のふるまいがまわりに伝染することや、まわりの人のふるまいも自分に伝染することがわかれば、それがいろいろと考えるきっかけになるはずだ。

自分はどうふるまいたいのか？　どんな自分でいたいのか？　私たちがよい形で影響を与え合い、それが続くようにするには何をすべきか？

「PK」を見ると脚の筋肉が勝手に反応する

私たちはみんな、ある種の無線ネットワークに接続している。そのネットワークをとおして、互いにファイルを送り合っている。他者と接しているときに、見たり、聞いたり、感じたりしたことはすべて、まっすぐ自分の脳に届けられる。それが、脳内にそっくり映しだされる。

この無線ネットワークから自分を切り離すことはできないし、切り離したくてもできない。このネットワークは常にオンの状態で、私たちの日々の生活にさまざまな影響を与えている。

たとえば、あなたが金槌《かなづち》で釘を打っているとしよう。そのとき、うっかり自分の親指を打ってしまった。それを見た私は、まるで自分の親指が打たれたように顔をしかめる。そして、あなたが感じた一撃を自分の親指に感じる。

このとき、私の脳では、あなたの体験が映しだされている。これは「ミラーニューロン」、つまり鏡《ミラー》のような働きをする神経細胞が引き起こしている。

たとえば、廊下で同僚とすれ違ったとき、その同僚が微笑んできたとする。そのとき、こちらも、たとえ直前に嫌なことを考えていても、微笑み返してしまうのは、ミラーニューロンがそうさせるからだ。

私たちは無意識に相手を真似ている。誰かがあくびをすると自分もあくびをする。誰かと会話しているときは、知らず知らず相手の動作を真似てしまう。相手が頭をかいたり腕を組んだりしたら、自分も頭をかいたり腕を組んだりする。

相手が何かを感じれば、自分も同じように感じる。赤ちゃんに笑いかければ、赤ちゃんもにっこり笑い返す。小さな子どもに食事を与える人は、スプーンを子どもの口に近づけながら自分も大きく口を開ける。ソファでサッカーの試合を観ていれば、ペナルティキックをするイブラヒモビッチが思いきりボールを蹴るとき、自分も一緒に蹴っているかのように脚に力が入る。

私たちはみんな、この鏡を持って歩きまわりながら、互いに相手を真似ている。たとえば、あなたが私と会っているとしよう。そのとき、私が持っている鏡には、あなたの姿が映っている。そして、あなたの感情やふるまいが、その鏡をとおして私の脳に伝わる。それが、私の体内のあらゆるシステムに伝わる。

それを考えれば、ミラーニューロンは人間の共感の発生源といえるだろう。あなたの気持ちを、私も感じる。つまり、互いに心が通い合っている。

となれば、先ほど述べたレジ係の態度が伝染する話も驚くにあたらない。私たちの脳は、他者と直感的につながるのだ。互いの脳がくっついているようなものだ。自分の脳のなかにいるのは自分だけではない。

また、この鏡は人によって大きさが少しずつ違う。大きい鏡を持っていたら相手に伝染しやすいし、小さい鏡なら伝染しにくい。また、伝染力は、相手との関係によっても変わる。

頭のなかの「辛辣な批評家」に話させない

ミラーニューロンは、耳から入った情報にも反応する。また、何かを思い浮かべただけでも反応する。

たとえば、目の前にレモンが1切れあるとしよう。それをかじってレモンの酸味が口いっぱいに広がったところを想像してほしい。口のなかに唾液があふれてきたのではないだろうか？　私たちが見たり聞いたり、また考えたりするだけでも、頭のなかで必ずシミュレーションが行われる。

ある研究で、被験者は、自分に関するネガティブなこと、たとえば「私は不細工だ」などの言葉を50回書くように指示された。その後、被験者はどんな気分になったか？　決して機嫌がいいとはいえなかった。

言葉にしたり、思い浮かべたり、観察したりすることはすべて、まるで現実の出来事を再現するように、頭のなかでシミュレートされる。脳は、現実と非現実の区別をしない。どんな思考も生真面目にとらえて、頭のなかのシミュレーターに放り込む。その結果、シグナルが体内のシステムに送られ、同じふるまいがうながされる。

この仕組みは、パイロットが操縦訓練をするフライトシミュレーターとよく似ている。フライトシミュレーターは、実際に航空機を操縦するのと同じ感覚で訓練できる装置だ。そのため、地上にいながらにして空を飛ぶ感覚を味わい、急降下するときの目がくらむような感覚まで体験できる。

ミラーニューロンは、このようなシミュレーターを頭のなかで作動させる。

ではここで、過去に体験したとてもいいことや、うれしかったこと、楽しかったことを思い出してほしい。そのときに感じたことや、体験したことを呼び覚まそう。

そして、しばらくその記憶に浸ってほしい。そのときと同じ場所で、まったく同じ体験をしているかのように、その状況を頭のなかで再現するのだ。最高の気分をもう一度味わってみよう。

こうすると、頭のなかのシミュレーターがフルパワーで稼働しはじめる。内なる世界で、その幸せな瞬間に戻ったような感覚になるはずだ。

自分のことをポジティブにとらえるときも、このシミュレーターが稼働する。そして、そのポジティブなイメージが、体内のシステムの細胞レベルにまで送られる。

反対に、自分をネガティブにとらえると、頭のなかに辛辣な批評家の居場所ができあがる。するとシミュレーターが全身にシグナルを送り、内なる世界ではそれが真実になる。

この内なる批評家について、あなたは知っていただろうか？

じつは、この批評家があなたのあら探しをしているとき、脳のなかでは、あなたがいじめられているのと同じ現象が起きている。そうならないように、あなたは自分のいちばんの親友にならなければいけない。

機嫌が悪くて「盛大に勘違い」

親友なら、内なる声にどう言わせたいだろうか？

口うるさい批評家を、内なるアドバイザーに変えてしまおう。このアドバイザーは、頭のなかのおしゃべりをポジティブなものにしてくれる。ただし、すぐには変わらない。練習が必要だ。それでも忍耐強く、少しずつ練習を積めば、必ず結果はついてくる。頭のなかのシミュレーターをしっかり意識して、あなたを応援してくれるサポーターとして活用しよう。

もちろん、言うは易く、行うは難しだ。それでも、とにかく練習を続け、口うるさい批評家は追い出し、内なるアドバイザーに永住してもらおう。ミラーニューロンの働きがわかれば、頭のなかのシミュレーターを意識しようという気持ちになるはずだ。

じつは、内なる対話も、私たちが他者とどう関わるかに影響している。だから、自分のためにも、相手のためにも、このシミュレーターをしっかりと意識してほしい。それがよくわかる例として、以前聞いた話を紹介しよう。

ある男が通りを歩いていた。その男は疲れていて、機嫌も悪かった。仕事でさんざんな目に遭っていたのだ。

男は、たくさんの顧客からクレームをつけられていた。彼には、それがひどく理不尽に思えた。歩いているあいだも、顧客の言葉が頭から離れず、いらいらした。考えれば考えるほど腹が立った。

ふと前を見ると、顧客の1人がいた。「ちぇっ、また文句を言われるのか」。怒りがさらに増した。その顧客が近づいてきて、目の前に立ちはだかった。

堪忍袋の緒が切れ、男はふてくされて言った。「はいはい、あんたは何がご不満で?」

そして最悪の事態を待ちかまえた。

すると顧客は、驚いた顔で男を見返して、口ごもりながら答えた。**「私は、ただ……あなたにお礼が言いたくて……とてもいい仕事をしてくださったので」**

共感できないのはストレスのせい——ニューロンが鈍る

ストレスを感じたり、緊張したり、不安を感じていたりすると、ミラーニューロンはうまく働かない。本来なら、自分の鏡に映った相手の態度が自動的に脳に送られるはずなのに、それが送られなくなってしまう。

そうなると、相手を理解して思いをくみ取る力、つまり共感の力がぐっと落ちてしまう。ストレスを感じると、他者の立場を理解するための力やエネルギーがなくなる。その結果、自動的に省エネモードがオンになる。そうなると、ミラーニューロンが機能するためのエネルギーは使えない。ミラーニューロンはシャットダウンするか、最低限のエネルギーで機能するよりほかなくなる。

こうなると自分の抱える問題や、自分をケアすることで手いっぱいで、他者のことを考える余裕などなくなってしまう。これでは、他者に適切な形で対応することはできない。

「これを相手に伝染《うつ》したら?」と考える

ミラーニューロンの働きを意識すると、他者にどんな態度で接すればいいかが見えてくる。より好ましい態度で接すれば、その態度が相手に伝染し、相手も同じ態度で接してくれる。

これは、別人のふりをすることではない。こうありたいと思う自分の姿と一致するふるまいをとおして、自分を表現し、理想に近づくことだ。

習慣から自動的にいつもと同じふるまいをするのはやめよう。この格言が教えているように——**教えられたとおりではなく、望むとおりに生きよう。**

ストレスフルな状況に直面したときは、いつもと同じふるまいを自動的にしてしまう前に、ミラーニューロンを思い出してほしい。ミラーニューロンの働きを利用すれば、その状況をうまく乗り越えられる。

普段の生活のさまざまな場面で、自分に問いかけてみよう。**これが相手に伝染したら、どうなるだろう?**

では、よい接し方の基本となる7つのステップを教えよう。

利他のための利己

こちらの感情が相手に伝染すると、その感情はそのまま自分に返ってくる。自分のふるまいがどんな結果をもたらすかを考えて、会話がいい方向に進むようにコントロールしなければならない。その相手をどう思うかは、こちらの感情や思考に影響を与える。その気持ちや思考が、相手に伝染する。

あなたは他者と、どんな気持ちで接したいだろうか？　その心構えは、あなたの態度に自然と表れる。

仕事をしているとき、あなたは会社の顔だ。自分の態度が、会社のブランドの一部になる。顧客があなたに寄せる信頼は、会社に寄せる信頼だ。

私は、ときどきこんな光景を見かける。しゃれたロゴの入った社用車が、あちこちで交通違反をしながら走っている姿だ。それを見て、私がその会社にどんなイメージを抱くと思うだろうか？

また、自社の経営に関わる問題には真剣に取り組むのに、警備員や作業員には無関心な会社があったら、どう思うだろうか？

大小にかかわらず、あらゆる面において、あなたがどうふるまうかが、あなたのイメージに影響する。企業や自治体の代表者なら、その組織や集団のイメージに影響する。

疲れているときやストレスを感じているときは、理想的なふるまいなどなかなかできない。そんなときは自分をケアしよう。それを最優先にしてほしい。

かつてガンジーは言った。「私たちが他者を気づかう場合、それは先を見越した利己主義だ」

私は、こう言いたい――**自分のことを考える場合、それは先を見越した利他主義だ。**つまり、自分をケアしてはじめて他者を思いやれる。私は自分の心の状態が良好だと、ごく自然に他者のためになる行動がとれる。

心の状態がよくないと、たとえ自分の気持ちに蓋《ふた》をして他者に尽くそうとしても、決して長くは続かないし、結局は他者のためにもならない。

まず何より、あなたが自分のいちばんの親友になってほしい。作家のアストリッド・リンドグレーンは言った。「子どもたちに愛情を注いでください。もっと愛情を、もっともっと注いでください。そうすれば良識は自然に身につきます」

これは、大人にもいえる。あなたが自分にもっと愛情を注げば、あとのことは自然についてくる。

研究者のクリスティン・ネフによれば、自分を大切に扱い、ケアし、やさしくすると、それがさざ波のように広がって、出会う人すべてにやさしさが伝わるという。自分の心が安定していれば、他者に共感し、好ましい態度で接することができる。

自分の態度がどんな結果をもたらすか配慮しながらふるまえるようになり、どのような会話にするか、ある程度コントロールできるようになる。

会話は「はじめ方」に大きく影響される

音楽のニュアンスが出だしのフレーズで決まるように、最初に相手の心をつかめれば、そのあとのメッセージもポジティブに受け取ってもらえる。また、基本となる適切なトーンで会話をすれば、その交流は好ましいものになる。

あなたは、会話をどんなトーンにしたいだろうか？　**あなたが最初にトーンのスイッチを入れよう。**非言語のコミュニケーションを思い出してほしい。これは伝染力がとても強い。

その交流がどうなるかは、どんなトーンのスイッチが入るかで決まる。よいスタートを切るには、度を越えない程度のポジティブな言葉を選ぶことが大切だ。妙になれなれしい言い方をすると、相手はかえって警戒してしまう。

会話の出だしにどんなトーンのスイッチが入るかは、自分がその状況をどうとらえているかや、そのときの心の状態にも影響される。

たとえば、あなたが時間ぎりぎりに息を切らしながら会議室に飛び込んだとしよう。間違いなく、あなたが感じているストレスは、ほかの出席者に伝染する。

では、その会議に出るのが不安でびくびくしていたら？　その気持ちも、やはり伝染する。こんなときは、3～5回深呼吸をしてみよう。そうすれば脈拍数が減って、身体が自然に落ち着いてくる。

相手が腹を立てているなど厄介な状況なら、3つの脳（ワニ脳、サル脳、ヒト脳）が求めるものを満たすにはどうすればいいかを考えよう。状況をコントロールできるとわかれば、ストレスも減るからだ。

また、論理的にものを考えることにも、気持ちを鎮める効果がある。たとえば、「相手の態度に応じてワニ語とサル語を使おう」と自分に言い聞かせる。その状況を筋道立てて考えれば、冷静になれる。

会話の方向は、あなた次第だ。あなたが発するあらゆる言葉が、方向を決める――ポジティブな方向にも、ネガティブな方向にも、その中間にも。

ポジティブなスタートを切ると、たいていはポジティブな結果になる。逆に、ネガティブなスタートを切ると、会話は苦戦を強いられるだろう。

日常的な会話や会議などで、あなたはどんなスタートを切りたいだろうか？　ポジティブなスタートを切るには、最初の発言や態度がきわめて重要だ。自分からどんなシグナルが送られるか、自分のふるまいがどう受け取られるかを意識しよう。

「聞く」で相手を存在させる

何度も言うように、私たち人間は、他者から注目され、承認され、理解されることを求めている。それが満たされてはじめて、集団に属しているという感覚が生まれる。これは人間にとって、なくてはならない感覚だ。

相手に伝染させたいトーンを選んだら、今度はその相手に意識を集中しよう。こちらが敵ではないことを示そう。つまり、**その人の言葉に耳を傾け、その話を親身になって聞くのだ。**

そして、相手に共感を示す発言をしよう。なぜなら、自分が注目され、理解されていると感じると、人はガードを解くからだ。こちらが敵ではないとわかれば、相手はもう心配しなくていいと感じる。

この場合、何が伝染したのだろうか？　それは「あなたは私にとって重要な人だ。だから、私はあなたの話を聞く」という気持ちだ。相手は、その気持ちをそっくり受け取る。

人は自分の話を聞いてもらうと、そのお返しに相手の話を聞こうという気になるものだ。以前、こんなことを言った人がいる。「あの人にとって、私は存在しないのと同じ。私って透明人間みたい」

相手に共感し、その人を思いやる言葉や態度を示せば、相手は透明人間ではなくなる。その結果、自分も透明人間ではなくなって、相手に見えるようになる。

相手の発言がポジティブであれネガティブであれ、それを否定しないで理解する姿勢を見せよう。その言葉を受け入れよう。

さんざん文句を言う人や、頭に血がのぼっている人を前にすれば、不安やストレスを感じて当然だ。こんなとき、こちらは守りの姿勢に入って自己弁護したり、釈明したりしたくなる。でも、その罠に落ちてはいけない。まずは相手の話を聞こう。その問題が何であれ、理解を示そう。その姿勢が相手にも伝染する。

逆にあなたが守りを固めると、その姿勢が相手に伝染し、相手も同じように守りを固めてしまう。

相手が「理解されている」「耳を傾けてもらっている」と感じてはじめて、双方がその会話をポジティブなやり取りだと思えるようになる。相手に共感して、それを示そう。自分と会う前にその人に何があったか、どんな日を過ごしていたのかはわからないのだから。

たいていの場合、相手の話は、あくまでも相手の主観にもとづいたものだ。その人が世の中をどう見ているか、どう解釈するか、情報をどう判断しているかが表れたものに過ぎない。

そのとき、その人はワニ脳かサル脳、あるいはヒト脳のうちのどれかのモードにある。

どのモードかは、その人の話をじっくり聞けばわかる。

つまり、会話をポジティブなものにするには、相手と同じ立場で考える必要がある。**その問題に別のやり方で取り組みたいと思っても、相手の話をちゃんと聞かなければ、よい会話にはならない。**

相手の立場からはじめないと、相手に信頼されて会話を進めることはできない。

問題ではなく「解決策」に目を向ける
——ただし飛びつかない

相手が問題を抱えているときは、うまくいかない点ばかりに目を向けず、あくまでも解決志向でいよう。「何が悪いのか」ではなく、**「何ができるか」**に目を向け、それを言葉で伝えるのだ。

自分の姿勢が相手に伝染するなら、相手の視点を変えることだってできる。相手が1つの問題点にこだわっていたら、共感しながら話を聞こう。そして、前に進めるように手助けしよう。

たとえば「問題を教えてくれてありがとう。あなたが……というのはよくわかりました。どうすればこの問題を解決できると思いますか？　何か考えはありますか？」というように。

相手がうまくいかない点ばかり見ていたり、お手上げの状態だったりしたら、このような問いかけをすれば会話が進む。問いかけについては、前章でも述べた。問いかけは、相手が論理的に物事を考えて気持ちを鎮めるきっかけになる。

相手が自分から解決策を提案できれば、解決志向に舵を切ったことになる。もちろん、そうなるような問いかけをすることが重要だ。相手がそれについてよく考え、さまざまな選択肢を吟味し、そのなかで実現できそうなものを見つけるという流れをつくるのだ。

あなたが相手の提案をすぐに却下したくても、その気持ちを抑えて待とう。私たちは、うまくいきそうな案を却下したり、うまくいかない案を採用したりすることがある。直感に耳を傾けるのもときにはいいが、じっくり考え、冷静に検討することも、時間はかかるが役に立つ。

だから、相手が提案や解決策を挙げたら、ありがたいと思ってほしい。その案がよいものであれ、まずいものであれ、「あなたの意見を心に留めておきます」などと答えよう。その案や選択肢、解決策についてじっくり考える時間を、相手にも自分にも与えよう。たとえ最終的な解決策がその案とは違っても、その案がきっかけで新たにアイデアが浮かび、結果的によい解決策が生まれるかもしれない。

また、1つの状況において解決すべき課題が複数ある場合は、1つずつ分けて考えよう。そして、それぞれの課題で、どんな解決策が考えられるか訊いてみよう。それから、次の課題に進もう。あなたのほうに解決策があれば、それも伝えよう。そうなると、相手はそれについて考えざるをえない。たとえば「……してはどうでしょうか?」「……についてどう思いますか?」などと訊くのだ。

これは、前に述べた、質問の形をとった提案や要望だ。**指示やあからさまな命令は避けなければいけない**。たとえ当たり前のことでも、まずは訊こう。相手に自分で考えさせれば、より早く満足のいく解決につながり、よい関係も築かれる。

私たちは、何もかも知っているわけではない。問題にどう対処すればいいのか、質問にどう答えればいいのかわからないときもある。

わからないときは、わからないと素直に認めて信頼を得よう。ようするに、この人は信頼できるという印象を与えるのだ。たとえば「それはとてもいい質問です。正しくお答えできるように、詳しく調べてみたいと思います。そのあとで連絡してもいいですか?」と言おう。**わからないことを堂々と認めよう。そうした心の態度は、相手にも伝染する**。

次章では、具体的な言葉の使い方を解説する。言葉を選んで適切な伝え方をすれば、常に解決志向でいられ、相手に自分の意見や、問題の原因をうまく説明する機会も与えられる。

「確認」されると人は好感を覚える

会議や会話を終えるときは、あらゆる点をわかりやすくまとめよう。そうすれば、参加者が正しい理解を共有できる。

たとえば、発言の内容をいくつかの文章に要約する、行動計画を立て、責任を持ってフォローアップをする。そうすれば、そこでの発言や、今後は何をすべきかが明確になり、誤解があってもすぐに解消できる。

どんな質問が出たか？　要求は何か？　解決策は？　まだ疑問のある人はいるか？　誰が何をするのか？　期限はいつまでか？　フォローアップはいつ行うのか？　次の面談や情報交換をするのはいつか？　そうした要素を、どの参加者も同じように理解したかどうか確かめよう。

誤解があればすみやかに、できるかぎり解消し、全員が同じものを共有して会話を終えるようにしよう。なぜなら、誰もが独自の内なる世界で生きているからだ。そのため、**1つの発言に対して、それぞれが独自のとらえ方をするということも起きてしまう。**

言葉は、私たちの頭のなかにイメージをつくり上げる。そのイメージは、自分の内なる世界がどんなものかや、それまでの人生でどんな体験をしたか、その言葉から何を連想するか、といった要素が相まってつくられる。

私たちは、そのイメージをとおして、他者の発言を解釈している。私たちの現実は、自分の解釈によってつくられるのだ。

たとえば会議が終わったとき、ある出席者がこう言う。「うーん、たいした情報はなかったな」。ところが、別の出席者はこう言うかもしれない。「今日は、情報が盛りだくさんだったな」

同じ話を聞いていたのに、それぞれが独自の解釈をする。議題が何であれ、大小どんなことでも、私たちは常に独自の解釈をしている。だからこそ、全員が同じ認識を持っているか確かめ合わなければいけない。たとえば、「私は……というふうに理解しました。あなたも同じですか？」などと訊くのだ。

私たちの内なるワニは、こうした明快さを好む。また、こう言われると自分が尊重されているると感じるし、同じイメージを共有しているかどうかの確認にもなる。

「前向き」な言葉で終える

ポジティブな感情とともに会話を終えるには、どうしたらいいだろう？

最後に生じた感情は、会話が終わってからも残りつづける。あなたは、その感情とともにその場を去る。できるだけよい感情を残して会話を終わらせるには、共感の気持ちや、ポジティブな言葉、解決志向の姿勢などをしっかり示そう。

相手が希望すれば、話し合いを継続できることも伝えよう。何か疑問が生じたら連絡をください、と言うのだ。そうすれば、その話し合いが完全に終わっていないことが暗に伝わる。

特に、相手が同じ発言を何度も繰り返したり、意見が合わなかったり、ネガティブな発言があったりすると、そこで話し合いを終わらせるのは難しい。そんなときは、今後も話し合いが続けられることを言葉で伝えよう。すぐに結論を出さなくてもいいことを、相手にはっきり示すのだ。

たとえ話し合いを続けられるのが当たり前でも、言葉でそれを伝えることが大切だ。わかりきったことでも、それを「有効にする」ために言葉で示さなければならない。

会話を終えるときは、ポジティブな言葉や、親しみのある声のトーンを用いよう。あなたがその会話を重視し、今後も話し合いたいと思っていることを相手に示そう。また、そうした会話の機会を持ててありがたいと思っていることも伝えよう。それにより、相手はあなたに注目され、承認されたと感じるはずだ。

相手の喜ぶ言葉をかけたり、角の立たない柔和な言葉を用いたりするのは、些細《ささい》なことに思えるかもしれない。だが、違う。**こうした言葉は、脳の一部を活性化させる。**その結果、情報をよりスムーズに受け入れ、相手を思いやり、その状況や自分をポジティブにとらえられるようになる。これについては、次章でも述べる。

不平は「コンサルの無料アドバイス」である

できるかぎり建設的に物事をとらえよう。

もし不平を言われたら、**「優秀な無料の事業開発コンサルタントのアドバイスだ」**と考えればいい。その言葉は、あなたが成長し、あなたの仕事が発展するチャンスであり、そ

よい会話にするには

- 自分のふるまいの結果を考え、安定した心の状態を保てるように自分をケアする
- 相手に伝染させたいトーンで会話をスタートする
- 相手の話にじっくり耳を傾け、相手の立場で考える
- あくまでも解決志向で考え、相手に提案をうながす
- 要点をわかりやすくまとめて、正しいイメージを共有する
- 会話を終えるときは、よい感情が残るようにする
- 不平は、無料のコンサルタントのアドバイスだと考える

のおかげで、あらゆることが改善する、と考えるのだ。しかも、コンサル料は無料だ。

不平や不満をぶつけられたときの最悪の対応は、自分を弁護することだ。

国防は、いつ強化されるか？　近隣の国の状況がはっきりせず、国家の安全が保障されなくて不安なときだ。自国の安全が保障され、近隣との関係も安定していれば、防衛力を強化する必要はない。

あなたが自分や自分の役割に自信があれば、自分を守る必要はない。厳しい言葉も堂々と受け入れ、それを活かせるだろう。ただ、それができないときもある。なぜなら、たいていの人は自分が正しくて、はじめから何もかもわかっていると思う傾向にあるから

だ。これは自己正当化につながる。

そんなときは、視点をずらしてみよう。自分を守って弁明したい衝動を抑えよう。その不平を、よかれと思って忠告してくれた人の有益なアドバイスとして受け入れるのだ。それにより、あなたが強く成熟した人間であることが示される。そんなあなたを、まわりの人は尊敬し、信頼するだろう。

「小さな励まし」の絶大なパワー

私たちは日々、互いに伝染し合っている。また、権力のある人は、より強い伝染力を持っている。いってみれば、権力者は特大の鏡を持っているのだ。

たとえば、企業の管理職は、その役割をとおして権力を握っている。医師や教師など、権威ある職業についている人も同様だ。

とはいえ、私たちは誰でも何かしら力を持っている。それは知識や自信という形かもしれない。そのため、**自分が何らかの権力を持っていることを、誰もが意識しなければならない**。ようするに、他者をポジティブな形で伝染させる責任があるのだ。

たとえば、ほんのわずかな励ましの言葉がきっかけで、辛い思いをしていた人の一日がぱっと明るくなることもある。

バスの運転手で作家でもあるアモス・マカジュラは、どんな乗客もＶＩＰとして扱うことで知られている。ある日、彼はフェイスブックに次のような投稿をした。

「もう何時間も運転しどおしだった私は、疲れきってくたくたの状態でした。何人かの乗客を降ろすためにバス停に車両を寄せたとき、そこで降りようとした女の子が、私に近づいてきて言いました。『お花をどうぞ。バスに乗せてくれてありがとう。ご苦労様です。素敵な夏になりますように』。私は花を受け取りました。温かい言葉が胸にしみて、力が湧いてきました。その女の子のおかげで、そのあとも、乗客たち全員を安全に運ぶことができました」


なぜ、アモスは乗客に好かれているのか？　それは、彼がどの乗客にも敬意を持って、大切に扱うからだ。バスを運転するあいだ、アモスはいろいろな意味で力を持っている。そして、花を渡した少女も、アモスを元気づける温かい言葉をかける力を持っていた。

あなたは、自分のまわりや職場をどんな雰囲気にしたいだろうか？　それを、まわりに伝染させよう。その雰囲気のトーンを選ぼう。先を見越して伝染させたいトーンのスイッチを入れよう。そうすれば、相手のミラーニューロンをとおして、そのトーンが伝染する。

自分のふるまいが相手の一部になり、相手のふるまいが自分の一部になるのだ。

世の中の大きな難題を目にすると、自分がいかに無力かを思いしらされる。それでも他者と励まし合い、支え合えば、世の中はほんの少しだけ変わる。

私自身、とても辛い経験をしたときに、思いやりに満ちた言葉をかけられたことがあった。それが大きな支えとなり、もう少しだけ頑張ってみようと思えた。また、厄介な問題を抱えていたときは、フェイスブックに投稿して励ましを求めた。誰かに応援してもらいたいときは、それを求めてもいいのだ。

私の場合は、友人のやさしい言葉が大きな力を発揮して、へこたれずに頑張るエネルギーが湧いた。**他者がかける言葉が、自分の世界を創造する。**たとえ社会にはわずかな影響しか与えられなくても、その言葉は個人にとって、想像以上に大きな意味がある。

「お世辞」は喜びを呼び覚ます

あなたの期待には、強い伝染力がある。自分を信じるエネルギーがないときでも、他者が信じてくれると前に進むことができる。

２０１４年に公開された映画『不屈の男　アンブロークン』は、ルイス・ザンペリーニという男の半生を描いたものだ。

ルイスは１９１７年にニューヨークで生まれ、万引きなどの非行を繰り返す不良少年だった。父親は彼の根性をたたき直そうとしたが、無駄だった。ところが、ルイスの足が速いことに気づいた兄が、その才能を伸ばそうとした。トレーニングに励めば、ルイスは最高のランナーになれる。そう信じた兄は、それをルイスに伝えた。

ルイスは「無理だ」と答えたものの、陸上選手をめざしてトレーニングに励みはじめた。なぜなら、兄が彼の才能を信じていたからだ。

そしてついに、ルイスは１９３６年のオリンピックに出場した。

期待が、強い伝染力を持つ例をもう１つ挙げよう。

ある実験で、ごく普通の能力の学生が被験者となり、２つのグループに分けられた。学生を指導する教員には、片方のグループにとびきり優秀な学生が集まっていると伝えた。すると、そう伝えられたほうのグループは抜群の成績を挙げた。

２つのグループの違いは、教員の先入観だけだった。それが実際の違いを生みだしたのだ。

あなたは、自分が接する相手についてどう考えるだろうか？　何を期待するだろうか？

シュテファン・クラインは、著書『幸せの科学 The Science of Happiness』（未邦訳）のなかで、ポジティブなものを期待すると、ドーパミンが分泌されると述べている。ドーパミンは脳のシグナルを伝達する化学物質で、ポジティブな感情をもたらす作用がある。

このドーパミンが細胞から細胞へとシグナルを伝えて、私たちがどう考えるか、どう感じるか、どうふるまうかに影響を与える。つまり、ポジティブなものを期待すると、自分のふるまいが変わる。自分のふるまいは他者に伝染するため、その人のふるまいも変わる。

あなたが誰かと接しているとき、ミラーニューロンによって相手の脳にあなたのふるまいのコピーがつくられ、そのコピーがその相手のふるまいに影響を与える。

スウェーデンのクリスティーナ女王は、こう言ったと伝えられている。「お世辞は不愉快だと思われがちですが、そうではありません。むしろ、

力と期待

- 誰もが何かしらの力を持ち、強い伝染力がある。それを意識する
- 期待は伝染する。期待は意識的にも無意識にも、「その期待に応えたい」という欲求を生む

その言葉にふさわしい人間になりたいという気持ちを呼び覚ましてくれるものです」

同じ「言語」で話す

私たちの脳のなかには、ニューロン同士のつながりや回路が無数にあるが、そのあり方は人それぞれ違う。また、脳のさまざまな部位の容量も、人それぞれだ。それらが相まって脳の構造をなしている。

認知神経科学の研究者キャスリーン・テイラーによれば、脳の構造が似ている人は、互いに連帯感を持ち、ぴったり気が合うという。私たちは馴染みのあるものを好む傾向にある。安心感や親しみを覚えるからだ。

脳の構造が似ていると、言いたいことの伝え方も似てくる。そのため、何かを伝えたとき、こちらの言いたいことを正確に理解してもらえたと感じる。その人が、自分と同じことを考えているとわかる。

そうした相手とは妙に馬が合うものだ。だから互いに信頼し、好意を持つ。いってみれば、電波の干渉がまったくないまま、同じ通信チャンネルで発信し合っている状態だ。

自分と似ている人を好きになったり、賛同したりするのは、こうした理由からだ。そして、人は好意を持った相手に賛同する傾向がある。その場合、こちらの意見や提案を支持してもらいやすい（念のため言っておくと、恋愛のパートナーの場合は別だ。恋愛は、ほかのシステムが関わっているので、事情がちょっと違う）。

その昔、人類の祖先は、近くで暮らす集団を、最も危険が少ないとみなしていた。彼らは、互いに似通ったコミュニケーションのとり方で交流していた。こうした集団のやり取りが「社会脳」と呼ばれる層を発達させ、集団が大きくなるほどその領域も大きくなっていったという。彼らは、集団生活に安らぎを感じていた。

また、それほど親密でなくても、ごく自然に波長が合い、わかり合える相手もいる。そういう相手とはスムーズなやり取りができるはずだ。ミラーニューロンの働きで、目に見えないダンスを踊るように、互いを真似たりフォローしたりしながら、良好な関係が築けるだろう。

反対に、意識的に波長を合わせなければいけないときもある。

相手との距離がなかなか縮まらないときや、しっかり意思疎通をはかる必要があるときだ。波長を合わせるには、相手の話し方や言葉の使い方に合わせなくてはいけない。

いうまでもないが、**まずは相手が知っている言葉を使おう**。英語がわからない人に英語で話しかけるのはナンセンスだ。ポイントは、相手が使うタイプの言葉や、相手と同じパターンの伝え方を用いること。それによって相手はあなたを受け入れ、理解する。

つまり、ミラーニューロンの働きで相手の脳に送られるファイルによって、相手はあなたに親近感を覚え、安心する。そして、あなたを信頼する。その結果、波長がぴったり合い、すんなり意思疎通がはかれるようになるのだ。

「相手の話し方」を観察する

意識的に波長を合わせる場合、まずは相手の発信チャンネルを分析しよう。非言語も言語も含めて、相手がどんな話し方をしているか観察するのだ。そうすれば、必要な手がかりはすべて揃う。

相手が使う言葉に注意深く耳を傾けよう。その人は独特の表現をするだろうか？　独特の言葉づかいがあるだろうか？　言葉数は多いだろうか？　それとも少ないだろうか？　1つの文章は長い？　それとも短い？　スラングを使う？　専門用語を使う？　あるいは、その両方？　何度も使う言葉はあるだろうか？

このように観察して、相手と同じ言葉を使って波長を合わせよう。何もかも言葉で伝えているわけではないので、非言語のコミュニケーションも分析する必要がある。つまり声のトーン、ジェスチャー、顔の表情だ。

声の抑揚	単調か、変化に富んでいるか
声の高低	深みがあるか、軽やかな感じか
声の大きさ	大きいか、小さいか
ジェスチャー	多いか、少ないか。大きいか、小さいか。すばやいか、ゆったりしているか。それはどんなジェスチャーか
話し方の速さ	ゆっくりか、早口か
ボディランゲージ	全般的にどんなボディランゲージか。姿勢は変わるか。特に目につくボディランゲージはあるか
顔の表情	どんな表情か。変化に富んでいるか、あまり変わらないか。何度も表れる独特の表情があるか
癖	手や指の使い方、首の振り方など、独特の癖があるか

これは「演技」ではない

相手のコミュニケーションのとり方が分析できれば、手がかりはひととおり揃ったことになる。その人が好む伝え方や、その人に信頼される伝え方ができるはずだ。

さて、ここからが問題だ。分析の結果、相手が自分と同じような話し方をする人なら、訳なく波長を合わせられる。むしろ、分析までいたらないはずだ。自分と話し方が同じなら、最初からスムーズに意思疎通がはかれる。

ところが、相手が自分と違う話し方をする場合、波長を合わせて意思疎通をはかるのは一筋縄ではいかないだろう。

20年ほど前、私は、ある研修プロジェクトを指揮していた。そして、その研修のエキスパートと組んでプロジェクトを進めることになった。

その人をマリアと呼ぶことにしよう。私はマリアと同じフロアに勤務していたので、何度か顔を合わせていた。

私は、仕事にとりかかる前に、まず互いの距離を縮めなければ、と思った。仲よくならないと、よいチームワークは発揮できない。これは、一緒に仕事をするうちに、ごく自然に解決する問題だ。

ところがマリアとは、仕事をはじめる前から何もかもがうまくいかない運命にあるように思えた。どう頑張っても、マリアとの距離は縮まらない。

いってみれば、フランス製のスマホの充電器を、アメリカのコンセントに差し込むようなものだ。まさに水と油だった。

私はマリアと仲よくなろうとして、いつもならうまくいく方法を試した。まず、普段よりちょっとだけ愛想よくふるまってみた。でも、効果なし。次に、マリアの興味を引きそうな話題を振ってみた。これも効果なし。たいていは自然に距離が縮まっていくのに、マリアの場合は違った。

そこで作戦を練った。私はマリアの娘と顔見知りだったので、その話題を振ってみた。誰だって我が子は可愛くてたまらない存在だ。それが会話のきっかけになることは多い。ところが子どもの話題でさえ、マリアの態度を変えられなかった。

私はプロジェクトの責任者で、プロジェクトの成功はマリアとのチームワークにかかっている。いったいどうしたらいい？　その問いが頭のなかをぐるぐると回った。

そして、ひらめいた。マリアが発信している波長を分析するのだ。なぜ、もっと早く気づかなかったのか？　きっと、わざわざ考えるまでもなく誰もが自然にやっていることだからだ。でも、このときは考える必要があった。

マリアの話し方を分析して、少しずつ見えてきたのは、私たちは、あらゆる点で正反対だということだった。

たとえば、私はジェスチャーをたくさん使い、顔の表情も目まぐるしく変わる。いっぽう、マリアはジェスチャーをほとんど使わず、表情も変わらない。私はとても早口だが、マリアの話し方は悠然としている。私は事実に対して感情移入しポジティブに解釈しがちだが、マリアはあくまでも事実だけ見て判断する。マリアは、短い文章と少ない言葉で話す。私は、長い文章とたくさんの言葉で話す。

私は、こんなにも違うものかと驚いた。そして決めた。「よし、それなら自分の話し方は封印して、マリアと同じ話し方で話そう」

ところが、これがなかなかの難題だった。何もかもが、私のいつもの話し方とかけ離れていたからだ。ここで言っておきたい。**誰かの話し方を真似ることは、誰かのふりをしたり演じたりすることではない。むしろ、自分のなかにあって普段は使わないものを使うことだ。**

ともかく、私はそれを使った。仕事のパートナーに敬意を表し、最高の絆が生まれるように、マリアの話し方で話したのだ。私にとってマリアは大事な存在で、彼女と良好な関係を築くことが必要だった。

これがじつに難しかった。自分を誰かに合わせるのは至難の業で、山ほどエネルギーを消耗した。それでも、何度か短いミーティングを経て、どうなったか？ マリアとのあいだに絆が生まれたのだ。それは驚きの体験だった。同じチャンネルでコミュニケーションをとることが、これほどの威力を発揮するとは。そして、これほど人間関係に影響をおよぼすとは思いも寄らなかった。

相手の脳の構造に合わせて波長を調節すれば、信頼関係が生まれる

相手に合わせて話し方を変えただけで、ぐんと距離が縮まった。一旦マリアと打ち解けると、私は少しずつリラックスして、普段の話し方で話すことが多くなった。**ひとたび親密になると、私たちは互いの話し方が違うことなど少しも気にならなくなっていた。**

私たちはたくさんの成果を挙げ、プロジェクトは大成功に終わった。そのとき、マリアが言った。「私たち、最強のでこぼ

ここコンビだったわね」

こちらが相手の話し方に合わせると、相手はありのままの自分でいられる。よいコミュニケーションをとるためには、相手に合わせるなど当たり前のことかもしれない。**ところが、その当たり前のことをする人は少ない。**それが、ごく当たり前になるように努力しよう。

相手は「何かと闘っている」と思って接する

心を開いて自分の問題を打ち明けたり、弱いところをさらけ出したりすると、それが相手の心に強く響く。これは大小を問わず、どんな交流にも当てはまる。

相手の言葉が強く心に響いたことはあるだろうか？　たぶん、私たちは互いにガードを解いて腹のうちを見せ、もう少しオープンな心で接するべきなのだ。

常に伝染を引き起こすミラーニューロンをとおして、自分のすべてを相手にさらけ出そう。長所も短所も含めて、だ。そうすれば、相手もまた長所と短所のある人間として、自然体でいられる。

そうしてはじめて互いを深く理解し、絆が生まれる。互いに相手をもっと理解できるようになる。私たちは生身の人間であり、人生にはいいときも悪いときもある。頭に語るのではなく、心に語ろう。そうすれば、伝えたいことがしっかり伝わる。

個人の能力を重視する現代社会では、自分1人の力でたくさんのことをしなければならない。だが、私たちは人間であり、誰もが欠点と長所を併せ持っている。それを当然のこととして認め合うべきだ。万能ロボットがちょこちょこ動きまわりながら、次々に成果を挙げているわけではないのだ。

だからこそ、**自分の弱みや恐れをあえて口にする人の話が、強く心に響くのかもしれない**。私たちが仮面を被りつづけ、てんてこ舞いで働くロボットでいつづければ、ある日突然、予期せぬ請求書が家に届くように、心の病に侵されるだろう。

自分が長所も短所もある人間だということを自覚して、それを口にする勇気を持とう。

ストックホルム商科大学の研究者レーナ・リード・ファルクマンによれば、最近の国際的なリーダーシップの研究は、従来のカリスマ性ではなく、信頼性や誠実さに焦点を当てているという。調査でわかったのは、リーダーは人の痛みがわかり、その気持ちを表に出す人物であるべき、ということ。そして、私たちは互いを強さと脆《もろ》さを持ちあわせた生身の人間として見るべきだという。

あなたが会う人はみんな、あなたが考えもしないような何かと闘っている。温かい心で接しよう。

作家のトーマス・フェディーンは、ヨーテボリの日刊紙に書いている。「私たち全員が自分の抱えている問題を透明のビニール袋に入れて持ち歩いたなら、誰も交換したいとは思わないでしょう。それでも、どの袋も少しは運びやすくなるはずです」

5章で手に入れたツール

▼人と接するときはミラーニューロンと協力する

- 自分のふるまいの結果を考え、安定した心の状態を保てるように自分をケアする
- 相手に伝染させたいトーンで会話をスタートする
- 相手の話にじっくり耳を傾け、相手の立場で考える
- あくまでも解決志向で考え、相手に提案をうながす

・要点をわかりやすくまとめて、正しいイメージを共有する
・会話を終えるときは、よい感情が残るようにする
・不平は、「無料のコンサルタントのアドバイス」だと考える

▼ミラーニューロン、力と期待
・誰もが何かしらの力を持ち、強い伝染力がある。それを意識する
・期待は伝染する。期待は「その期待に応えたい」という欲求を生む

▼ミラーニューロンと脳の構造
・相手の脳の構造に合わせて波長を調整できれば、信頼関係が生まれる
・心を開いて、自分の弱さをさらけ出す

6章に進む前に

あなたは、他者に何を伝染させているだろうか？　どんなトーンをオンにしているだろう？

あなたは解決志向だろうか？　要点をまとめるときは、わかりやすくまとめているだろうか？　その場を離れるときに、どんな感情が残るか意識しているだろうか？

不平を言ってくる人に対して、どう対処しているだろう？

あなたは、自分に強い伝染力があることを意識しているだろうか？　また、あなたの期待が伝染することを意識しているだろうか？

相手の波長に合わせて、相手と同じ言葉で話そうとしているだろうか？　うまくいかないのは、どんなときだろう？　何か改善できる点はあるだろうか？

6章

対人感情

人への「ムラ」をなくしたい

あなたのまわりに、口を開けば、その場の雰囲気を台無しにしてしまう人はいないだろうか？　逆に、ちょっとした言葉を口にするだけで、重苦しい雰囲気をぱっと明るくする人は？

この違いは何から生まれるのか。こうした人たちはどんな行動をとり、どんな言葉を口にしているのか。また、その場の雰囲気をぶち壊すのではなく、明るく楽しい雰囲気にするテクニックを身につけることはできるのか。

他者と気分よくコミュニケーションするには、何より脳のメカニズムを理解しなければならない。何が、脳に立ちこめた分厚い雨雲を吹き飛ばし、お日さまを輝かせてくれるのだろう？

「エネルギー泥棒」にならないために

あなたのまわりには、こちらのエネルギーを吸い取ってしまうような、とてもネガティブな人はいないだろうか？　いうなれば、**「エネルギー泥棒」**だ。

その人が立ち去ったとたん、こちらはエネルギーが底を突いたように、ぐったりしてしまう。なくなったエネルギーが補充されるまで、しばらくかかるだろう。いつもの自分に戻るには、リカバリータイムが必要だ。

反対に、活気にあふれ、こちらまで晴れやかな気分にしてくれる人はいないだろうか？　その人はまわりにエネルギーをたっぷり放ち、近くにいる人はそれを取り込む。

その人の伝染力は絶大だ。その人と会えば、こちらまで心がうきうきして活力が湧いてくる。あたかもエネルギーが満タンになったように元気が出て、足取りまで軽くなる。

私たちは互いに、驚くほど影響し合っている。内なる太陽とともに歩きまわっているような人に会えば、こちらまでその光に照らされているような気分になる。逆に、いつも雨雲の下にいて、土砂降りの雨のなかから世の中を見ているような人に会えば、こちらまでずぶ濡《ぬ》れの気分になってしまう。

こうした心の空模様は、それが自分のものでも、他者からさらされる場合でも、活力のレベルに大きく影響する。また仕事にも、気分にも、そしてもちろん自分がまわりの人に何を伝染させるかにも影響する。その影響は、職場全体の効率や生産性にもおよぶ。

いったい何が起きているのだろう。また、なぜ、そうなるのだろうか。

「愛」と「憎しみ」を同時に感じている

心の天気とその影響について理解するため、感情を制御するハードウェアに目を向けてみよう。

まず質問に答えてほしい。あなたは日々、感情を抱いているだろうか？　もちろん、「イエス」に決まっている。厳密にいうと、私たちの脳には、２つの感情のシステムがある。まったく異なる２つのシステムが、私たちの感情を制御しているのだ。

1つはポジティブな感情のシステム。もう1つはネガティブな感情のシステムだ。

とはいえ、身体は1つしかない。

つまり、1つの感情を体験しているように思えても、実際には**この2つのシステムから送りだされた感情がミックスしたものを体験している**。

甘酸っぱいソースができあがるように。そう、愛と憎しみを同時に感じるときのように。

つまり、ポジティブな感情のシステムからのシグナルと、ネガティブな感情のシステムからのシグナルを同時に受け取っているのだ。

日々私たちが抱く感情は、この2つの感情のシステムが生みだしたものだ。

「左脳が活発」なら気分が上がる

この別々の感情のシステムについて、1970年代半ばから研究を続けて、知られざる事実を明らかにしたのがウィスコンシン大学マディソン校のリチャード・J・デビッドソンだ。

デビッドソンは、まったくの偶然から、神経学者のグイド・ガイノッティが1972年に発表した論文を読んだ。その論文には、右脳か左脳に損傷のある患者が、感情面でどんな影響を受けたかが記されていた。具体的には、損傷のある部位に応じて病的に笑う、あるいは泣くといった症状が見られたのだ。

これに興味を持ったデビッドソンは、もっと詳しく調べることにした。それは脳の活動と感情の関係を、脳波記録法（ＥＥＧ）で調べたはじめての実験となり、のちに彼はその成果を論文で発表した。

実験の結果、デビッドソンは、左半球の前頭葉がポジティブな感情を制御していると特定し、ここが損傷を受けるとうつ病になる可能性があると説いた。実験中、被験者がポジティブな感情や笑いを誘う映像を観たときに、脳の左前頭部が活性化したという。

ようするに、**左脳が活性化すると人生がばら色に見え、他人の言動もポジティブに解釈する**ということだ。お日さまチャンネルに周波数が合って、まわりの何もかもをプラスに解釈するのだ。ちょうど太陽熱収集器《ソーラーコレクター》のように。

また、被験者がネガティブな感情を誘う動画を観て、恐怖心や不快感を表したときには、右半球の前頭葉が活性化したという。

つまり、**右脳の活動が活発になると、人生がモノトーンに見えてしまう**。ネガティブなチャンネルに周波数が合い、ネガティブなもの、あるいはネガティブに解釈できそうなものばかり目につくようになる。

たとえ、すぐそばにポジティブなものがあっても、ネガティブなもののほうが鮮明に見えてしまう。ポジティブなものは目に入らない。そしてソーラーコレクターのスイッチも入らない。お日さまチャンネルの周波数には合わせられないのだ。

ラジオは、特定の番組に周波数を合わせると、その局の音だけ聞こえて、それに近い周波数の局の音は聞こえない。まさにその状態だ。

デビッドソンが気づいたことはまだある。言語処理など、おもに左脳がつかさどっている作業を行うと、視線が右に動く。また、何かを想像したり思い浮かべたりするなど、おもに右脳が制御している作業のときは、視線が左に動くという。右側を見るとポジティブな気持ちになるという研究知見もいくつかある。

どちらかのシステムを起動させたり、制御したりすることは可能だ。他者との接し方によって、どちらかいっぽうのシステムが起動する。

では、具体的に何をすればいいのか？　まずは、脳で何が起きているか説明しよう。脳の仕組みがわかれば、人とどう接すればいいかもわかる。

「ポジティブさ」は鍛えられる

何かに感謝するとき、私たちの意識は感謝する対象、つまりプラスの方向に向いている。それにより、ポジティブな感情のシステムが起動する。

ぜひ、この仕組みを活かすトレーニングをしてほしい。ネガティブなことが起きても、何も対処せずに放っておけ、というわけではない。**ポジティブな物事に意識的に目を向けるのだ。**

なぜトレーニングが必要かというと、ポジティブなシステムはひ弱なので、ネガティブなシステムにすぐ乗っ取られてしまうからだ。

心理学者のカタリーナ・ブロムと科学ジャーナリストのサラ・ハンマルクランツは、共同執筆した『全力でしあわせになろう Lycka på fullt allvar』（未邦訳）のなかで、ポジティブなシステムは、いわば、あまり鍛えられていない脆弱な筋肉で、ネガティブなシステムは鍛えぬかれた世界最強の筋肉だと述べている。

でも、大丈夫。弱い筋肉（ポジティブなシステム）も、鍛えればどんどん強くなっていく。

デフォルトだと「あら探し」をしてしまう

というわけで、私たちのポジティブな筋肉はとても弱い。これは、私たちが接する相手にもいえることだ。だから誰かと接しているとき、その人はこちらのあら探しをしていると思っていいだろう。

でも、それは仕方のないことだ。人類は何百万年も前から、そうするようにプログラムされているのだから。

ひ弱なシステムが鍛えられるなら、実際に鍛えた人もいるはずだ。問題を、ポジティブに解釈する力を強化した人だ。

これはメンタルトレーニングの基本だ。このトレーニングは誰がやっても効果があるが、よく知られるのは一流アスリートたちの実例だ。

心理学者のラーシュ＝エリク・ユネスタールはこの分野の研究を重ねて、スウェーデン式メンタルトレーニングを開発した。これは、自分のメンタルを強化して成功につなげるために、ネガティブなイメージは避け、ポジティブなイメージだけをとおして問題に対処するトレーニング法だ。

具体的に説明しよう。一流のアスリートは大事な試合にのぞむ前に、それまでの成功体験をイメージする。

たとえば、サッカーの試合でシュートを決めたときや、走り高跳びで高いバーをクリアしたときのイメージだ。もし一流選手たちの身体能力が横並びだとすれば、ライバルに差をつけるのは精神的な強さだ。ようするに、使うのは頭だ。自分は必ず成功すると信じて、障害物ではなくチャンスに目を向ける。

ネガティブなシステムはもとより強力なので、人と接するときは、その人のネガティブなシステムをうっかり起動させないよう、できるだけ相手を思いやる姿勢で接しよう。そのうえで、ポジティブなシステム、つまり「お日さま脳」が起動すれば理想的だ。

まずは自分を「ケア」する

エネルギー泥棒は、２つの感情システムが、それぞれ別の化学物質を使うために起きる現象だ。お日さま脳の化学物質は、人体を細胞レベルまで強化する。では、灰色雲の「どんより脳」の化学物質は？　こちらは人体を細胞レベルまで破壊する。

エネルギー泥棒と会ったとき、脳では何が起きているのだろうか？　エネルギー泥棒の脳は、灰色雲に包まれている。そこではネガティブなシステムがフル稼働している。

この場合、それがこちらの脳にも伝染して、ネガティブなシステムが起動してしまう。その結果、身体を破壊する作用のある化学物質が分泌される。エネルギーを奪われたように感じるのは、そのためだ。

つまり、2つのシステムは、身体を壊したり強化したりするプロセスのスイッチなのだ。そして**エネルギー泥棒は、こちらのどんより脳のスイッチをオンにする**。

たとえば、職場のチーム全体が、負のスパイラルにはまり込んだとしよう。このチームのメンバーは、どんなこともどんより脳をとおして見てしまう。だから作業中も、あら探しばかりしている。ところが、問題点は見えても、解決策は打ちだせない。結果的に仕事の充足感は得られず、生産性も低下する。

反対に、とても前向きなチームならどうだろう。このチームは、さまざまな機会に目を向ける。仕事の充足感も高まる。ようするに、このチームでは、ポジティブなお日さま脳が稼働しているのだ。

負のスパイラルにはまり込んだほうのチームは、いつまでも灰色雲から抜けだすことができない。

ストレスを抱えているせいで、省エネモードに切り替わったり、切り替わりかけたりしているとき、お日さま脳を起動させるのは難しい。

脳が省エネモードになれば、お日さま脳もそれに応じて省エネモードになる。そうなると、お日さま脳を稼働させるためのエネルギーが足りなくなる。だから疲れているときは、お日さま脳をとおして状況を見ることができない。


もう1つ大事なことがある。前述したように、サル脳とワニ脳の欲求が満たされないと、ヒト脳には切り替えられない。お日さま脳は、ヒト脳と密接に関わっている。そのため、サル脳やワニ脳の状態だと、ポジティブな感情のシステムをとおして状況を見ることができない。

自分の欲求が満たされなかったり、重いプレッシャーを抱えていたりすると、私たちは悲観的になる。これは、逃れられない生物学的なシステムだ。お日さま脳を稼働させるには、まず自分の欲求を満たし、それからストレスを減らさないといけない。

個人でも集団でも、まずはプレッシャーに対処してストレスを減らし、省エネモードのスイッチが入らないようにすることが大切だ。

悲観主義者は、あらゆる好機のなかに問題を見いだす。
楽観主義者は、あらゆる問題のなかに好機を見いだす。
ウィンストン・チャーチル（イギリスの元首相、著述家）

「持っているもの」に目を向けるとポジティブの土壌が整う

会うと、エネルギーをたっぷり与えてくれる人がいる。こういう人といると気が楽になり、さっきまで背負っていた心の重荷が、急に軽くなったように感じる。なぜだろう？その人の脳では、お日さま脳が稼働しているのだ。それがミラーニューロンを介して伝染し、こちらのお日さま脳も起動する。

お日さま脳が稼働すると、身体を強化する化学物質が細胞に放出される。その結果、エネルギーが湧いてくるのだ。

トレーニングによってポジティブなシステムを常時オンにしておくことは、いってみれば予防医学だ。気分がポジティブになるだけでなく、身体も健康になる。

陽気な心でいれば長生きできる。

シェイクスピア（劇作家、詩人）

とはいえ、問題点を指摘したり、不快な思いを口にしたり、ときたま愚痴をこぼしたりすることはあってもいい。

感情は、進むべき方向を教えてくれるガイドみたいなものだ。ストレスがたまったり、不当な扱いを受けたりしたら、もちろん気分はよくない。それは、その問題を解決したほうがいいというメッセージかもしれない。

相手からいつもひどい扱いを受けているのに、現実から目を逸《そ》らして「私はポジティブに考えます」なんておめでたいことを言うのは明らかに間違っている。こういうときは黙っていないで声を上げ、相手とのあいだにしっかり境界線を引かないといけない。

心の空模様は、それが晴れでも曇りでも、何かを伝えている。身体は、そのときの気分をとおして、いまやっていることを続けるべきか、やめるべきかを教えているのだ。

くよくよと思い悩み、本当はいいことがあるにもかかわらず、何もかもモノトーンに見えてしまうなら、ひ弱なお日さま脳を鍛えたほうがいいだろう。

ポジティブなシステムは強化できる。たとえば、自分が持っているものに目を向けて感謝する。障害物のことばかり考えていないで、できることに目を向ける。好きなことをする。一緒にいて楽しい人と過ごす。自分が心地よいと思う環境に身を置く、などだ。

お日さま脳を意識的に鍛えれば、いまも、そして将来も、人生の荒波が押し寄せたときに役立つ。たとえ大きな障害にぶつかっても、その衝撃を和らげるものがあれば無事でいられる。**よく鍛えたポジティブなシステムは、「心のエアバッグ」だ。**これがあれば大ケガはしない。

だからポジティブな現実主義者になって、日頃からお日さま脳を鍛えてほしい。深刻な問題を抱えていたら、ポジティブなシステムを鍛える気持ちになどなれない。普段からお日さま脳を鍛えて、「心のエアバッグ」を装備しておこう。

「ネガティブ脳」の存在意義

おもしろいことに、科学者は、私たちが未来に対して楽観的だという結論に達した。

精神医学の研究者ミカエル・ランデンによれば、統計に反して、私たちは自分が離婚したり事故に遭ったりしないと思っているらしい。ポジティブなシステムがあるのは、左脳だ。そして左脳には、未来について考える働きもある。

いっぽう、ネガティブなシステムは右脳にある。右脳には、現在の状況を処理する働きがある。

脳科学者のジル・ボルト・テイラーは、左脳卒中で体験したことを『奇跡の脳　脳科学者の脳が壊れたとき』〔竹内薫訳、新潮社、2012年〕という本にまとめた。この本には、左脳が機能しなくなったせいで時間と空間から切り離され、右脳だけで生活した興味深い体験が綴られている。

これから述べるが、じつはこのシステム、ちょくちょく起動して私たちを危険から守ってくれている。ネガティブなシステムの出番が多いなんてあまりうれしくない話だが、このシステムの本来の役割は、私たちの命を守ることにある。

脳の仕組み上「だめなこと」に意識が取られる

人類がサバンナで暮らしていた頃は、野生動物や、命に関わる危険から身を守るため、脅威となるものにすばやく注意を向ける必要があった。

人間の命を無数に救ってきたのは、ネガティブなシステムの強力な働きと、自分が置かれた状況に集中する力だ。つまり、危険を察知し、それを回避できた人間だけが生き延びられた。

たとえば、ある男が、数メートル先の木に、黄色く熟したバナナが実っているのを見つけたとしよう。そのとき、1頭のライオンが近づいて来た。男は、バナナとライオンのどちらを優先するだろう？　いうまでもなくライオンだ。その男は、自分の命を守るため、瞬時に逃げなければならない。

このシステムの作用は、強力でなければいけない。また、必要に応じて、ほかのシステムを遮断しなければならない。それがネガティブなシステムの機能だ。「おれは重要なシステムだ。なにせ命を守ってるんだからな。それに比べて、ポジティブなシステムは何をしてくれる？」

だから、私たちは悪いことに目が向きやすい。一般的にはポジティブな感情よりネガティブな感情のほうが強いので、私たちはちょっとしたことがきっかけで不快な気持ちになってしまう。

また、いいことを探すよりも、危険を避けるほうを優先する。たとえば新聞は、いいニュースよりも悪いニュースを大きく報じる。喪失の悲しみは、勝利の喜びとは比べものにならないほど大きい。

ネガティブなシステムは、人生のあらゆる状況で、私たちに影響をおよぼしている。たとえばある日、20回もいいことがあって、1回だけ思いどおりにならないことがあったら、どちらをたくさん考えるだろうか？　たいていは、うまくいかなかったことを考えてしまうはずだ。

これも、ある程度までなら問題はない。もっと別のやり方があったかもしれないと反省することが、成長につながることもある。失敗しても、それを分析してから手放せばいい。ところが、そう簡単には済まない。むしろ、失敗したことをいつまでも悔やみ、そのことが頭から離れなくなる。

くよくよしたってどうにもならないと頭ではわかっていても、それを考えずにはいられない。**ネガティブなシステムは、いってみれば吸収力抜群のスポンジだ。**ネガティブな要素が少しでもあるものや、ネガティブに解釈できそうなものなら何でも吸い取って、どんより脳にしまい込んでしまう。その結果、私たちは延々とそればかり考えてしまう。

いっぽう、ポジティブなシステムは、正反対の働きをする。いってみればフッ素樹脂加工のフライパンだ。つるつる滑って何もくっつかない。せっかくいいことがあっても、全部滑り落ちてしまう。だから頭のなかには残りづらい。

私たちは、いいことを当たり前のものとして受け流してしまう。たとえば、「やるべきことをやっただけ」「あの状況なら誰だって同じことをした」というように。いいことは過小評価して、だめなことばかり大きくとらえてしまうのだ。

何かをやり損ねたり、満足な結果が得られなかったりすると、頭のなかに批評家がひょっこり現れて、たちまち批判をはじめる。

内なる対話で、私たちは1年のうちどのくらい自分を励ましているだろうか？　1年のうちどれくらい批判しているだろう？　あなたは1日に20回もあったいいことについて、考えつづけたことがあるだろうか？

だが、打つ手が何もないわけではない。じつは、チャンネルを変えられるリモコンがある。そのリモコンで、どんより脳のスポンジチャンネルから、お日さま脳のフライパンチャンネルに切り替えられる。

必要なのは、自分にとってプラスになるものに意識を向ける「意思」と「集中力」だ。

「集中」で意識の矛先を変える

ネガティブなシステムに振りまわされっぱなしにならず、ある程度コントロールすることは可能だ。たとえば、何か別のものに集中すれば、ネガティブな感情を抑えられる。

一例として、ある講義を聴講したときの話をしよう。講師が聴講生に「いま身体のどこかに痛みがある人は、どのくらいいますか？」と呼びかけた。すると、何人かが手を挙げた。人数は意外に多かった。

その後、聴講生は少人数のグループに分かれて、共同で難しい問題を解くという課題が与えられた。それが終わると、また講師が尋ねる。「作業中に、身体に痛みを感じていた人はどのくらいいますか？」

今度は誰も手を挙げなかった。みんな別のことに集中していたので、痛みを忘れていたのだ。

また、ポジティブな感情を高めるという手もある。ポジティブな感情に意識を向ければ、そちらの感情が高まって脳を支配する。たとえば、テレビは、本体の電源スイッチを入れると、最後に観たチャンネルの番組が映る。チャンネルを変えたければ、リモコンのボタンを押さなければならない。

これと同じように、脳も同じチャンネルのまま、つまり、ネガティブなシステムに支配されたままになりがちだ。もちろん、まだポジティブなシステムを訓練していないか、正のスパイラルにはまり込んでいない場合の話だ。でも、リモコンを使えば、どんより脳のチャンネルから、お日さま脳のチャンネルに変えられる。

つまり、**リモコンとは、何に集中するかを選ぶ力**だ。別のものに集中すればチャンネルが変わり、思考も変わる。そして、まわりのポジティブなものを取り込める。

ただし、いつも簡単にいくとはかぎらない。別のものに集中するには、先ほどの講義の例のように、頭を使うタスクが必要かもしれない。

私は、いつも人生の楽観的な面を見ようとしているが、人生の複雑さを理解することにも努める現実主義者でもある。

ウォルト・ディズニー（アニメーション作家、映画製作者）

リモコンと同様「あなた」にも充電が必要

集中するものを選ぶ、といっても、実際に行うのは難しいと思う。それでも、意識を向ける先をコントロールする練習を積めば、だんだんできるようになるだろう。

そうした力は、いわば筋肉だ。筋肉はトレーニングで鍛えられるし、エクササイズをするたびに、少しずつ大きく強くなっていく。

以前、私の受講生がこんなことを言った。「でも、私のリモコンには電池がもう残っていません」

確かに、そう感じるときもある。意識を向ける先をコントロールする力は、おもにヒト脳にある。そのため、脳が省エネモードに入ると、この力が使えなくなる。そうなるとリモコンは電池切れになり、意識を制御するためのエネルギーは使えない。

こんなときはどうすればいい？ **「充電」しよう。つまり、自分を適切にケアしよう。**

そうすれば電池は満タンになる。

これはとても大切で、詳しくは8章で述べる。

どんより脳

・ネガティブな物事に意識を向けると、ネガティブな感情のシステムが起動する
・このシステムによって放出される化学物質は、身体にダメージを与える
・どんより脳が作動していると、思考や記憶力が鈍る
・このシステムは右脳の前頭葉にある
・これは、人類の命を救いながら進化してきた生存のシステムだ
・どんより脳は、ネガティブなものや、少しでもネガティブに解釈できそうなものなら何でも吸い取るスポンジだ。どんより脳のモットーは「危険が1つあったら、これだけしかないと思わず、もっとあると思うべし」

お日さま脳

・ポジティブな物事に意識を向けると、ポジティブな感情のシステムが起動する
・このシステムによって放出される化学物質は、身体を強化する
・お日さま脳が作動していると、頭が冴え、記憶力が向上する
・このシステムは左脳の前頭葉にある
・お日さま脳は、ポジティブなものがあっても滑り落ちやすいフッ素樹脂加工のフライパンだ。それでも、このシステムが活性化すれば知力がアップし、健康も増進する

自分にとってプラスになるものに意識を向ける訓練を積むと、たくさんのメリットがある。とはいえ、何もかも楽観的に考えるおめでたい人間になれ、というわけではない。当然ながら、問題点や、うまくいかないことにも目を向けなければいけない。

このとき大事なのは、それをどうとらえるか、だ。その問題を解決志向で見ることもできるし、原因にこだわって堂々巡りすることもできる。どちらになるかは、とらえ方次第だ。

ポジティブなシステムを作動させておくことには、いくつか利点がある。人生の浮き沈みに対処する強さが得られる。お日さま脳のスイッチがオンになっていれば、頭が冴え、学習能力が増し、身体も細胞レベルまで健康になれる。

つまり、知力と健康が同時に手に入る。いわば、万能薬だ。仕事をするうえでも、これは役に立つ。

非言語も言語も、両方使う

気持ちを変えれば、運命が変わる。

ネヴィル・ゴダード（作家）

誰かと会っているとき、その人のお日さま脳とどんより脳のどちらが起動するかは、こちらがどうふるまうかで決まる。あなたはきっと、相手のお日さま脳のスイッチがオンになるような、好ましいふるまいをたくさんしているはずだ。

私たちはみんな、好ましい人物として相手の記憶に残りたいと思っている。わざわざ悪い記憶を残したがる人なんているわけがない。**それでも、無意識のうちに悪い記憶を残してしまうことはある。**それがもとで厄介な問題が生じたり、相手が気分を害して揉めごとになったりするかもしれない。

よい交流のためには、非言語コミュニケーションが重要だと前に述べた。じつは非言語コミュニケーションは、お日さま脳のスイッチを入れることもできる。

では、言語のコミュニケーションはどうだろうか。お日さま脳のスイッチを入れるには、また、どんより脳のスイッチをうっかり入れないためにはどうすればいいだろう？　特別な言いまわしやワードはあるだろうか？

何かを伝えるとき、相手に与える影響力は非言語がいちばん強い。だが、たとえ言葉の影響力がわずか数パーセントでも、やはり言葉は大切だ。いかに非言語を巧みに操ろうと、どんより脳をたちまちオンにするようなワードや言いまわしが口から出たとたん、すべてが台無しになる。言葉を最大限に活かせるように、使い方を工夫しなければならない。

ポジティブな視点のための9つの伝え方

では、相手のどんより脳を起動させないための、9つの効果的な言葉の使い方を教えよう。相手の強力などんより脳が抑えられて、うまくいけば、お日さま脳もオンにできる。これは言葉による伝え方を工夫して、相手の視点をコントロールするテクニックだ。伝え方を工夫すれば、相手はポジティブな方向に目が向くようになる。

■①「否定形」ではなく「肯定形」で伝える

まず、レモンのことを考えないでほしい。前章では思い浮かべてほしいと言った、あのレモンだ。ひと切れ口に入れて酸味が広がったときの感覚について考えないでほしい。レモン汁がとても酸っぱくて、味蕾《みらい》がきゅっとなることも考えないでほしい。

さて、考えないことは難しかったのでは？

これが、「〇〇しない」という言い方に対する、私たちの反応だ。「〇〇しない」と言われても、私たちは「しない」の前の言葉に反応してしまう。

「レモンのことを考えないで」と言われたとき、脳はまず「レモン」という言葉を検知する。脳はイメージで考える。そのため、「レモン」という言葉がすばやく具象化され、レモンのイメージがつくられる。

「〇〇しない」というフレーズは概念的で、具体的なイメージがつくれない。この場合、直観的な思考のシステムではなく、もっと処理速度の遅い分析的な思考のシステムをとおして考えてから、自分に言い聞かせることになる。「そうか、レモンのことは考えちゃだめなんだな」。ところが、考えないようにしても、不思議なことにレモンのイメージが浮かんでしまい、「レモン」に対する反応が起きてしまう。

私たちは常にイメージでものを考えている。そして、**頭に浮かんだイメージに対して反応する**。たとえば、いま私が「ボウルいっぱいの新鮮な甘いイチゴのことを考えないで」と言ったら、あなたの頭にはたくさんのイチゴのイメージが浮かぶはずだ。もう、レモンのイメージはすっかり消えているだろう。少なくとも、私がまた「レモン」と言うまでは。

また、「〇〇しない」というのは否定形なので、どんより脳をオンにしてしまう。

ようするに、**言葉を選ぶことは、相手が思い浮かべるイメージを選ぶこと**だ。だから、「できない」という言いまわしは使わないようにしよう。そして、うまくいくことや、実行可能なこと、つまり解決策を伝えよう。たとえば質問してきた相手に「その質問にはお答えできません」と返さず、その人が求める答えはどこで得られるかを教えるのだ（あなたが知っていれば）。

「○○しない」は、相手の鼻先でぴしゃりとドアを閉める言いまわしだ。相手は、そのドアをどんどんと叩きたくなる。

だから「○○しない」と言わずに、解決策や回答、そして相手の求める答えがどこで得られるかを教えよう。ドアを開けて、どうぞこちらへ、と招こう。ドアを開ければ、相手のどんより脳のスイッチは入らない。うまくいけば、お日さま脳のスイッチが入るかもしれない。

人と話すときは「できない」ことではなく、「**どうすればいいか**」を伝えよう。それによって、相手の頭にはポジティブかつ具体的なイメージが浮かぶ。

もちろん、「○○しないでほしい」ときっぱり言うべきときもある。でも、それはどんなときだろうか？　本当にその言いまわしが必要だろうか？

相手のお日さま脳のスイッチを入れるには、すぐ解決策を伝えたほうがいい。

たとえば、子どもにこんな言い方をしていないだろうか？「道路に飛びだしちゃだめ」

「大声を出すんじゃない」「部屋を散らかすな」「まだ宿題をやってないの？」。また、顧客に対して「それはできかねます」と言っていないだろうか？　患者に「○○時まで診察はしていません」と言っていないだろうか？

「○○しない」を避けるなら、子どもにはこう言おう。「道路はゆっくり気をつけて渡ろうね」「ここでは静かな声で話そうね」「部屋を片づけるのは、いつにする？」「宿題は夕食の前にする？　それともあとにする？」。顧客には「〜でしたらできます」と言おう。患者には「○○時からなら診察できます」と言おう。

「できること」に目を向ける

どんより脳は、少しでもネガティブに解釈できそうなものなら、スポンジのように片っぱしから吸い取るため、私たちはどうしても解決策ではなく問題点ばかり考えてしまう。また、ネガティブなシステムは、私たちの命を守る役目があるので、一瞬で起動する。

もちろん、マイナスの感情を言葉にするのは決して悪いことではない。自分の感情は、あるがまま認めるべきだ。感情を抑え込むのは、ビーチボールが水面に浮かばないように押さえるのと同じで難しい。感情も、やはりビーチボールのように表面に出ようとする。

自分の気持ちを口にするのは、とても健全なことだ。それに、うまくいかない理由がわかれば、それが解決の糸口にもなる。

それでも、解決志向になれば焦点が変わる。そして何がうまくいくか、どうすれば改善できるかに意識が向く。

いつまでも思い悩んでいても何も解決しないし、なおさら気持ちが落ち込んでしまう。こんなときはチャンネルを変えたほうがいい。うまくいかないことではなく、できることに目を向けよう。

時間の90％を「どうすれば解決するか」に充て、残りの10％を「なぜそうなったのか」に充てなさい。

アンソニー・J・ダンジェロ（アメリカの作家、講演者）

どんな状況でも、解決志向で考えることが大切だ。もし問題点ばかりあげつらう人がいたら、その人の発言や態度からポジティブな意図をくみ取ろう。

私は、どんな行動にもポジティブな意図があると思っている。その行動は、その人が自分自身を助けようとして出たものだからだ。だから、その行動の背後にある意図や、その行動がその人にとってどう役立つのかを考えてみよう。そうすれば、あなた自身がその状況をどう扱えばいいかが見えてくる。

その行動のポジティブな意図を認めよう。その人を理解していることや、その人のためを思っていることを示そう。そのあとで解決策を提案して、その人が別の視点で考えられるように導こう。相手がなかなか視点を変えられないときは、そこに何かしらポジティブな意図があることを思い出してほしい。


少し前に、私はある人と面談をした。その人は面談中ずっと、うまくいかないことや、それに苛立っていること、自分がどれだけ大変な思いをしているかを延々と語った。

私は何度も話を前に進めようとしたが、無駄だった。面談の時間は、ただ不満を訴えるだけに費やされ、何もできなかった。

でも、あとになって、私は大切なものを見過ごしていたと気づいた。話を前に進めるためのいちばん大切な、いちばん強力な方法だ。つまり、解決志向の問いを投げかけることだ。それをしていれば、相手はマイナス思考にとらわれず、解決の方向に視点を変え、これからのことを考える気になったはずだ。

不満を抱えているときは視点を変えるのが難しい。そんなときは、こちらが手を貸してあげよう。

研究者のデイビッド・ロックは、著書『静かなるリーダーシップ Quiet Leadership』（未邦訳）のなかで、まさにそれが物事を前進させる最も効果的な方法だと述べている。つまり、解決へと視点を変える問いかけをすることだ。

ロックは、問題点ばかり話すのではなく、解決策を考えてこそ、はじめて問題と真剣に向き合えると述べている。先ほどの面談で欠けていたものがそれで、私にはそれを思い出すほどのエネルギーがなかった。

でも、そのおかげで、相手がマイナス思考にとらわれているときに、何を思い出すべきかを学んだ。相手が自分で解決策を考えられるような問いかけをすることだ。

②「イエス」からはじめる

ポジティブな態度とは、何に対しても、誰に対してもイエスと答えることではない。解決志向で「ノー」を「イエス」に変えることだ。これは、「○○しない」のフレーズを避けることの延長だ。

わかりやすい例を挙げよう。ある男の子が幼稚園から帰ってくると母親に言った。「ね

問題志向	解決志向
なぜ目標を達成できなかったのか？	目標を達成するために何をすべきか？
なぜこうなった？	どうなってほしいか？
どこでうまくいかなくなった？	前に進むためには何をすべきか？
なぜ上手にできないのか？	どうすれば上手にできるようになるか？
チームに問題がある？	チームが目標を達成するには何をすべきか？
誰のせいでこうなった？	これを達成できるのは誰だろう？
なぜうまくいかない？	うまくいくには何をすべきか？

え、ママ。ぼく、プールに行きたい」。すると母親は答えた。「だめ。そんな時間はないの」

　この「ノー」を「イエス」に変えてみよう。「ねえ、ママ。ぼく、プールに行きたい」。すると母親は答えた。「いいわね！　じゃあ土曜日に行きましょう。土曜日なら時間はたっぷりあるから」

「だめ」は「○○しない」と同じで、相手の鼻先でドアをぴしゃりと閉める。言われたほうは、そのドアをばんばん叩く。「いやだ！　ねえ、プールに連れてって！　みんな行ってるのに！」

　ようするに、**まず「イエス」と答えてから、そのあとに解決策、つまり、どうすれば相手が求めるものを与えられるか、こちらはどうしてほしいかを伝える**のだ。

　この言い方には驚くほどの効果がある。「ノー」には否定の意味があるので、どんより脳のスイッチを入れてしまう。どんより脳はもともと強力なので、うっかりスイッチを入れないように「ノー」は避けよう。

③「私」を主語にする

　自分ではなく、相手を主語にした言い方は、否定的に聞こえたり、見下していると受け取られたりしやすい。たとえば、こちらが「まあ、話を聞けよ」「そんなに怒らないで」「きみの話はわかりにくい」などの発言だ。

こうした発言は「攻撃」として受け取られやすく、相手のどんより脳のスイッチを入れてしまう。そうなると、相手はたちまちガードを固めて「ちゃんと聞いてるよ」「別に怒ってなんかいない」「ふん、きみにわかるように説明するのが難しいだけだ」などと答える。これは「攻撃」が検知されて、ワニ脳がぱっと目を覚ました状態だ。

こうなると、こちらも攻撃的にふるまって自分を守りたくなる。

「私」の立場で語る

だから相手を主語にするのではなく、自分を主語にしよう。つまり「私」の立場で語るのだ。これなら「攻撃」ではなく、「情報」として受け取ってもらえる。

たとえば「話を聞いてくれたらありがたいんだが」「何だか怒ってるみたいに聞こえるよ」「話がよくのみ込めないんだ。もう一度説明してくれないか」などと言うのだ。もちろん、非難がましい口調は避け、あくまでも友好的に言うことが大切だ。

自分を主語にする言い方なら、攻撃とはみなされない。むしろ、こちらの考えや要望を正直に話していると思ってもらえるだろう。それによって、話し合いがプラスの方向に進むはずだ。

効果的な「私たち」の使い方

グループや職場では、「私たち」を主語にするといい場合がある。

たとえば、必要な資料や書類を相手がまだ提出していないとき。「あなたはまだ○○○を提出していない」という言い方ではなく、「この事案を進めるには、私たちには○○○が必要だ」という形で伝えよう。

「あなた」の話を「私」はしない

自分の気持ちを「私」の立場で伝えれば、相手から攻撃として受け取られずに済む。たとえば、相手が遅刻したせいで苛立っているときは「また遅刻か。いつもばたばたしてるな」などと言いがちだ。こんなときは「私」の立場で言おう。「時間ぎりぎりだと落ち着いて仕事ができないんだ。だから、時間どおりにはじめられると助かるんだが」

つまり、**「私」にとって必要なものは何か、「私」が求めるものは何かという視点で話す**のだ。

ようするに「私」と「あなた」の責任がはっきり分かれる形で、バランスがとれていなければいけない。「私」は「私」について語り、「あなた」は「あなた」について語るのだ。作家のシャルロッテ・アレクサンデションとスザンヌ・ペッテションは、著書『自信を持って導く Leda med förtroende』（未邦訳）のなかで、このバランスについて次のように述べている。

私には責任がある。私の体験、考え、感情は、私が担う。
私は、私自身に責任があり、自分の考えや見解に自信を持つ。
あなたには責任がある。あなたの体験、考え、感情は、あなたが担う。
私は、あなたがありのままの自分でいることを許す。
そして、ありのままのあなたを尊重する。

こちらが相手の側に踏み込んで、「あなたは○○だ」という言い方をすると、バランスは崩れる。

シーソーを思い浮かべてほしい。シーソーで遊ぶには、自分は自分の側に、相手は相手の側にとどまらなければならない。それぞれが両端に座っていないと、この遊びはできない。こちらが相手のほうに近寄ると、バランスは崩れてしまう。シーソーは止まり、それきり動かなくなる。

こちらが「あなたは○○だ」「あなたは○○すべきだ」「あなたは○○について誤解している」などと言うのは、相手の側に踏み込む行為だ。コミュニケーションはそこでストップし、どちらも行き詰まって前に進めなくなる。そして、互いにガードを固める。

「あなたは○○と言った」ではなく、「私は、あなたが○○と言ったと理解した」という形にするのが、コミュニケーション（シーソー）を続けるコツだ。

④「理由」を伝える

言葉には、パブロフのベルのような作用がある。1904年にノーベル生理学・医学賞を受賞したイワン・パブロフは、研究室のイヌにエサをやるたびにベルを鳴らした。やがて、そのイヌはベルの音を聞いただけで唾液を分泌するようになった。

じつは、ある種の言葉にも同じ作用がある。

「○○なので」や「○○だから」など、理由を説明する言葉には、魔法のような効果がある。それを聞いたとたん、私たちはこう思う。「ああ、わかりました。○○だからなんですね」。そして、相手の発言に快く同意したり、承諾したりする。

こうした言い方について調べるため、ある言語研究者のチームが実験を行った。

実験の手法は、被験者がコピー機で書類をコピーしているときに、研究助手が「すみません。ちょっと割り込んでコピーしてもいいですか？」と言って中断させる、というものだ。その結果、割り込みに同意した被験者の数は半分だった。

次に助手は、コピーをする被験者に「○○なので」を含むフレーズを加えて話しかけた。「すみません。数枚ほどコピーしたいので、ちょっと割り込んでもいいですか？」。**今度は、被験者の9割がそれに同意した。**

「数枚ほどコピーしたいので」に、とりたてて意味はない。コピー機の前でコピーやスキャンをするのは当たり前だ。ところが、「○○なので」と言われると、私たちは無意識のうちに正当な説明だと判断する。その要求をほぼ自動的に認めてしまうのだ。

私たちは子どもの頃から「それは○○なので」というフレーズを数えきれないほど聞いているため、「○○なので」と聞くと、条件反射的に筋のとおった正当な説明だと考える。

そのため、何かがそうなる理由を説明することは、相手が理解するためのドアを開けることになる。「そうか。○○だからなんだな。よくわかった」

たとえば、毎朝必ず挨拶してくれる職場の女性が、その日にかぎって挨拶しなかったとしよう。理由がわからないので、あなたは不思議に思う。何かあったんだろうか。そして、だんだんと疑心暗鬼におちいる。彼女は怒っているのか？　そうだとしたら、彼女を怒らせるようなことをしただろうか？

しかし、その女性が「ごめんなさい。今日は頭痛がひどいので、話をする気分じゃないの」と言ったら、たちまち合点がいくだろう。「ああ、だからなのか」

どんな言動にも、その根底には何かしら理由がある。「それは○○だからだ」「○○なので、こうしよう」「○○なので、来週まで無理だ」「○○だから、今日は1人になりたい」「○○だから、はっきり指示してほしい」など。

理由をはっきりさせるほど、いい結果につながる。理由がわかれば、言われた人は納得する。そして、どんより脳がオンになるリスクも減る。

また、筋のとおった説明をすることで、相手の論理的な思考がうながされる。つまり、相手はその発言をヒト脳で処理する。ヒト脳は、おもに左脳とつながっていて、お日さま脳もそこにある。そのため、お日さま脳のスイッチも入る。

自分が知っていることを誰もが知っているわけではない

理由を伝えるべき状況が、もう1つある。自分が何らかの専門家の場合だ。何かに精通していると、自分にとって当たり前のことを常識のように思うものだ。そのため、知らない人がいると苛立つことがある。

そういう人をいらいらしながら見下すのではなく、「それは、○○だからだ」と説明することを習慣づけよう。

もちろん、相手を見下すような口調は避けるべきだ。きちんと説明すれば、その分野の知識がない人でも納得できる。**自分が知っていることを誰もが知っているわけではない。常にそう自分に言い聞かせよう。**

作家のトーマス・フェディーンは、みんなが自分の問題を透明のビニール袋に入れて持ち運んだらいい、と述べた。他者の心が透けて見えると、たとえその人が理解に苦しむ言動をとっても、その理由がわかって納得できる。「この人が○○なのは、そのせいなんだ」

とはいえ、実際は誰もそんなビニール袋など持ち歩いていないので、理由はしっかり伝えたほうがいい。

⑤「でも」は短いが、じわじわ効く

相手が肯定的なコメントをしてくれたあとで、「でも」と言って、そのあとにまたコメントを続けた、という経験はないだろうか？

最初はうれしくなるものの、「でも」と言われると、次にどんな悪いコメントが来るのか、身構えるはずだ。

「でも」という言葉は、その前のあらゆる発言に水を差す。ふくらんだ期待をしぼませてしまう。たとえ直前の発言がどんなものでも、すべてを無効にするかのように。

「でも」は、「ちょっと待て」のシグナルを送る。そこで物事が一変する。次に語られることこそが真実で、「でも」の前の発言は撤回されるかのようだ。そのため、「ええ、そうですね。でも……」という言い方は、そこに「ノー」が隠れていると受け取られる。その結果、どんより脳のスイッチが入る。

「でも」を使わないで、**「そこで」**や**「そのため（したがって）」**などを使おう。これは、2つの発言をつなげる言葉だ。たとえば「最初と中間は、なかなかよかったよ。**そこで、**最後を少し見直してはどうかな」というように。

これが「でも」だったら、どうなるだろう？「最初と中間は、なかなかよかったよ。でも最後はもうひとつだったな」

「でも」が入ると、問題点のほうに意識が向きやすくなる。そこに解決策や改善策の提示はない。そのため、解決志向で考えることができない。

「でも」や「～だけど」と言わず、そこで言葉を区切るという方法もある。

相手がこう言ったとしよう。「あなたが難しい状況なのはわかったけど……」こう言われて、本当にわかってもらえたと思うだろうか？　思わないはずだ。なぜなら「けど」があるからだ。

この場合、「……というのはわかった。確かにあなたの状況は難しそうだ。私に何かできるとしたら……」と言えば、相手は自分の状況を本当に理解してくれたと思うだろう。これなら、どんより脳のスイッチは入らない。

ただし、「でも」を使ったほうがいいときもある。たとえば、最初に否定的なコメントをする場合だ。そのコメントをしてから「でも」と言うと、発言がポジティブな方向に変わる。

「○○さんは、今日は来られません。でも、私でよければ、喜んで力になります」

⑥シンプルにする

私たちは、シンプルなものを好む。物事はシンプルであればあるほどいいと思う。シンプルなほうが理解しやすいし、覚えやすい。難解で複雑なことは理解しづらいし、ほかの人がわかっているのに自分だけわからないと劣等感を覚える。そうなるとネガティブなシステムが起動し、かえって理解しづらくなってしまう。

伝える内容は短くて明快なほど、相手に好まれる。言葉や文章も、やはり短いほうが好まれる。すぐに理解できれば、自分の知性に自信が持てるし、短くて明快なほうが受け入れやすい。

もちろん、あまりにシンプルすぎて稚拙だったり、相手の知性と開きがありすぎると思われたりしてもいけない。相手が理解しやすく、受け入れやすい言い方を心がけよう。そうすれば相手のお日さま脳のスイッチが入り、こちらの発言をポジティブに解釈してもらえる。

何ごとも、できるだけ単純にすべきだ――しかし、単純すぎてもいけない。

アルベルト・アインシュタイン（理論物理学者）

不必要に難しい言葉を使うのは避けよう。1つの文が、極端に長かったり複雑だったりしてもいけない。

また、できればイメージが鮮明に浮かぶように伝えること。そのほうが相手は理解しやすいからだ。1枚の絵は、1000の言葉にまさる。

脳は、エネルギーの節約を非常に重視する。そして、いまやっていることにエネルギーを使う価値があるかどうか、常に計算している。心理学の教授ジェームズ・コーンによれば、脳の「エネルギー大臣」は、感覚を騙して、実際より難しいと感じさせることができるらしい。

つまり、**私たちは難しいと思うと、行動を自制する。**それがエネルギーの節約につながるからだ。

相手が理解しやすいように伝えれば、相手は時間の節約ができる。それにより、こちらの伝えたいことがすんなり伝わる条件が整う。

最後に到達するものは単純さだ。膨大な数の音を演奏しつくした先に、芸術の極みとして現れるのは単純さだ。

フレデリック・ショパン（ピアニスト、作曲家）

⑦選んでもらう

幼い子どもが真っ先に覚える自己主張の言葉は、「自分でする」だ。この時期に入ると、まわりの大人たちは何かと手を焼くことになる。

とはいえ、自分でしたいという欲求は、人間が生まれ持った強力な原動力だ。私たちは自主的でありたい、自分でしたい、自分で決めたい、と思っている。そして誰かから、こうしなさい、ああしなさい、と命令されると、たちまちどんより脳が目を覚ます。

「私が決めるべきものを、どうしてあなたが決めるの？」

私たちは自分で決めたい

心理学の教授エドワード・デシは、「自己決定理論」という説を唱えた。これは、**自分で決めることが能力や意義を高め、内発的な動機をつくる**、という考えだ。

会話も、望ましい方向にリードしながら相手に自主性を持たせると、相手はそれをポジティブにとらえる。その結果、お日さま脳のスイッチが入る。

たとえば、発言ではなく問いかけをしてみよう。「私」を主語にして、「私は……だと考えます。あなたはどうでしょうか？」「私には、そのタスクの要点がわかりません。あなたがどう考えているか説明してもらえますか？」というように。

ぜひ、問いかけの達人になってほしい。それによって相手に自分で考えてもらって、会話を前に進めよう。

物事を論理的に考えはじめると、お日さま脳のスイッチが入りやすい。論理的思考とお日さま脳は、どちらも左脳の担当だ。だから、論理的に考えれば、右脳にあるどんより脳の視点から抜けだせる。

相手に決めてもらう方法が、もう1つある。行動の選択肢を与えることだ。これは相手にとって楽な方法でもある。選択肢を2つ示して、相手にどちらか選んでもらうのだ。こちらが無理のない選択肢を提示して、相手にベストだと思うほうを選んでもらおう。

これなら相手は自分で選択肢を考える必要がないので、労力を使わずに済む。状況によっては使えないこともあるが、相手を楽にする方法として覚えておいてほしい。

いくつか例を挙げよう。

・折り返し電話をいただけますか？　それとも、こちらからかけ直しましょうか？
・いま数字に目を通されますか？　それとも、あとになさいますか？

・いまコーヒーを飲む？　それとも、行動計画に目をとおしてからにする？
・○○の件ですが、ここで話しますか？　それとも、場所を変えますか？
・宿題は夕食の前にする？　それとも、あとにする？

⑧要望はやわらかく伝えれば応えてもらえる

「コーヒーをくれ」と言うのと「コーヒーをもらえますか？」と言うのとでは、どちらが快く対応してもらえるだろうか？　答えは聞くまでもないだろう。

私たちは感じのいい人を前にすると、同じように感じよく接したくなる。要望は、やわらかい言いまわしで伝えよう。そうすれば、相手はそれに応えようと思ってくれる。「コーヒーをくれ」と命令口調で伝えると、相手は反発する。「この人はどうして私をこんなふうに扱うの？　この人の言いなりになりたくない」

人間は、自分で決めたいという欲求が強い。そのため、命令を思わせる口調や、こうすべきだ、ああすべきだ、という言い方は避けよう。要望は、やわらかい言いまわしや問いかけの形で伝えれば、かないやすくなる。

いくつか例を挙げよう。

・この手紙を投函してもらえるかな？
・もしよければ、〇〇について相談できますか？
・それについて、もっと話し合いませんか？
・私としては、いま行動計画を確認したいと思うが、どうだろう？
・もし、もっと練習する気があれば、〇〇してみたらどう？
・いつなら宿題ができそう？
・玄関に脱ぎっぱなしの靴がたくさんあるけど、いつなら片づけられるかな？
・テーブルのお皿を全部片づけてくれたら、とてもありがたいんだけど頼める？

それが明らかに要求であっても、命令口調を避けてやわらかく伝え、それをいまやるか、別の時間にやるかを自分で決めさせよう。この、友好的に問いかけて選択してもらうという方法は、とても効果がある。

これは、そのときだけでなく、あとのためにもなる。相手のどんより脳を不必要に目覚めさせないからだ。一旦どんより脳が目覚めると、相手はガードを固め、こちらが何を言おうと素直に耳を貸さなくなる。

とはいえ、こんな反論もあるはずだ。「相手の都合がどうあれ、とにかくやってもらわないと困ることもある」

その場合は、どんな言い方をすれば応じてもらえるか、慎重に考えないといけない。友好的な口調で伝えれば、たいていの要求はかなうはずだ。

やさしいお日さま脳のスイッチを入れよう。先ほど述べたエドワード・デシによれば、それによって相手が自分からやる気になってくれる。

「あなた」を思い浮かべた人はどんな気持ち？

あなたは、自分が行く先々で、いい天気や悪い天気をつくりだしていることに気づいているだろうか？　いってみれば、あなたは歩くお天気ジェネレーターだ。望むかどうかにかかわらず、意識するかしないかにかかわらず、誰もが身のまわりに何かしらの天気を発生させている。

誰かと会うたびに、それがどんなものであれ、何かしら影響をおよぼしている。あなたのお天気ジェネレーターは、どんな天気を発生させているだろうか？

相手を心地よい気分にさせ、いい天気も発生させて、価値ある交流を生みだす方法の1つが、ポジティブなアンカリング［最初に与えた情報や働きかけが、錨のように内面に沈んで固定され、その後の判断や感情に無意識下で影響がおよぶ心理作用］だ。

たとえば肩に手を置く、背中をぽんと叩く、快活な口調で話す、励ましの言葉をかける——これにより、相手を褒める気持ちや温かい気持ちが伝わって、相手は心地よい気分になる。

親しみのこもった言葉やジェスチャーはストレスを和らげ、幸福感を高め、よい会話の土台をつくる。研究によれば、**こうしたポジティブな態度で相手に接すると、その交流や関係に安心感が生まれ、脳はその相手と一緒に問題を解決しようという気になる**という。

もっと視野を広げれば、私たちがこの世界を分かち合い、互いに支え合っている姿が見えてくるだろう。

ジェームズ・コーン（バージニア大学心理学教授）

誰かを思い浮かべたとき、その人がどんな人かで湧きあがる感情は違う。では、実際に思い浮かべてみよう。まず、考えると幸せな気分になる人のこと。次に、考えるとストレスを感じる人のこと。

思い浮かべる相手によって、それぞれ違った感情が湧くはずだ。温かさや、やさしさがにじみ出ている人のことを思えば、温かくてやさしい気持ちになる。いつも不平ばかりで、ちょっとしたことにも目くじらを立てる人は？　その人を思い浮かべたとき、どんな気持ちになるだろうか？

あなたのことを思い浮かべた人は、どんな気持ちになるだろうか？

⑨いいことは口に出す

私たちは、四六時中、何かを考えている。頭のなかでいろいろと考えを巡らせながら、目の前の状況を解釈し、その状況が自分にとってどういうものかを判断している。

たとえば、こんな考えが浮かんだとしよう。「この人の言うとおりだ」「わあ、すごく素敵なセーターだな」「彼はとてもうれしそうだ」「今日は彼女に会えて本当によかった」

こうしたポジティブな感情は、口に出して相手に伝えたほうがいい。心地よい言葉は、相手の胸いっぱいに響く。私たちは日々、励ましや応援の言葉を求めている。とりわけ辛い体験をしているときには、そうした言葉が必要だ。

また、思いがけず人から褒められたり、うれしくなるような言葉をかけられたりすると、その体験はあとあとまで記憶に残る。その発言を聞いたときだけでなく、あとで思い返すときも幸せな気分になるものだ。

いいと思ったことは、どんどん口に出そう。どんなときでも、ポジティブな要素は何か

お日さま脳のスイッチを入れる

①「○○しない」という言い方を避けて、どうすれば解決するかに目を向ける
②「イエス」と答えてから、解決策を伝える
③「私」を主語にして、自分の立場で語る
④「理由」を伝える
⑤「でも」は賢く使う
⑥シンプルを心がける
⑦選択肢を与えて選んでもらう
⑧要望はやわらかい言いまわしで伝えると、相手は快く応じてくれる
⑨どんどん褒める

しらある。ぜひ、それを伝えよう。

人は褒められると心地よい気分になり、能力を存分に発揮することができて、それが好ましい結果につながる。

コミュニケーションが専門の研究者エイドリアン・ゴスティックとチェスター・エルトンは、「褒めること」の効果を確かめようと、20万人の社員と上司を対象に、10年にわたって大規模な研究を行った。

それによると、社員が何らかの成果を挙げたときに上司が褒めていた場合、企業の平均利益率は2・4%だった。ところが日頃から社員の仕事ぶりを頻繁に褒めていた職場では、**利益率は約3倍の8・7%**だったという。高額な投資をしたわけでもない

のに、利益率は倍どころか3倍になったのだ。

私たちが他者から注目されて褒められると、お日さま脳が目を覚ます。その結果、頭が冴え、記憶力も向上する。身体も細胞レベルまで健やかになる。また、人を褒めると、自分のお日さま脳も強くなる。

お日さま脳は、誰かを褒めたり、自分が褒められたりすると輝きを増すのだ。

単純な法則——前向きな言葉で「前向き」になる

あなたがよく使う言葉はどんなものだろう？　ポジティブな意味合いの言葉だろうか？　それともネガティブな言葉だろうか？

どんな言葉を口にするにせよ、相手の神経システムはそれに反応して、全身に神経信号を送る。そのため、人と接するときは慎重に言葉を選ばないといけない。

その言葉は、相手にこちらが望むような反応をうながすものだろうか？　ポジティブな言葉は相手にポジティブな感情を生じさせ、ネガティブな言葉はネガティブな感情を生じさせる。こうした反応は、私たちが幼い頃から刷り込まれてきたものだ。

ネガティブな言葉は、ポジティブな言葉に比べて、より速く相手の感情を呼び起こす。これはネガティブなシステムが、私たちを危険から守るシステムだからだ。どんより脳は、いつも待機して目を光らせ、いざというとき瞬時に起動する。その働きたるや、サービス過剰といえるほどだ。

だが、現代人にしてみれば、これは落とし穴みたいなものだ。いまやほとんどの人間は、衣食住に困らない国で安全に暮らしている。もちろん、いまでも危険を察知する必要はあるが、その危険はサバンナでライオンに食べられていた頃のものとは違う。

ところが、どんより脳は、私たちがまだサバンナで暮らしていると思っている。だから、たとえ実際には命に危険のない問題でも、それによって生じる不安やストレスのせいで、心身に大きなダメージをこうむりかねない。

どんより脳は、ライオンを警戒する必要のない現代でも、あらゆるものに反応して目を覚ます。まるで、命の危険があるものとないものの区別ができなくなったみたいに。

そしてお払い箱になるのを拒み、四六時中まわりに目を光らせ、何か検知すれば瞬時に仕事にかかる。

人類の祖先がサバンナで暮らしていた頃は、外で野生動物に出くわしたら、脇目も振らず全速力で逃げなければならなかった。この「逃げる」という活動をするときに、どんより脳から化学物質が放出される。その化学物質が筋肉にエネルギーを送り込むおかげで、全力疾走が可能になる。ただし現代の場合は、その化学物質が体内に残りがちだ。

ようするに**現代人にとって、どんより脳は世話を焼きすぎている状態なのだ**。本物の脅威でも、そうでなくても、見境なく起動してしまう。人類の祖先がサバンナで暮らしていた頃は、何が危険か、はっきりしていた。でも現代は、何が危険で何がそうでないか、見えにくくなっている。

ネガティブになる言葉、ポジティブになる言葉

そんな状況で暮らす現代人がプレッシャーとストレスにさらされると、省エネモードが突然オンになる。そうなると、ヒト脳もお日さま脳も十分に機能しなくなる。その結果、私たちは不安を感じたり、落ち込んだりしてしまう。

成果主義の社会で生きる私たちは、自分の身体が発するシグナルに耳を傾けないように、そして常にあともう少し頑張るようにしつけられている。省エネモードがオンになれば、お日さま脳の「エアバッグ」は装備できない。そうなると衝撃には、どんより脳が直

に対応することになる。その結果、心配や不安が増し、睡眠不足や燃え尽き症候群になる。そうならないためには、どんより脳を監視して気を配り、暴走を防がなければならない。

どんより脳の作用はとても強力なので、些細なことも見つけだして反応する。たとえば「彼女はどうして私のほうを見ないんだろう？　何か怒らせるようなことをした？」「彼は、なぜあんなそっけない言い方をしたんだろう」「彼女はぼくに冷たかった」「店員の態度がぶっきらぼうだった」など。

では、お日さま脳にもっとエネルギーを与えて活発に働かせるには、どうすればいいだろう？

私たちが口にする言葉は、ほぼ無意識に、そして瞬時にポジティブ、あるいはネガティブな心理的反応を生じさせる。言葉は、何かしら感情的なニュアンスを帯びているのだ。**そのため、どんな言葉を使うかがきわめて重要だ。**それによって、どんより脳のスイッチが入るか、お日さま脳のスイッチが入るかが決まる。どちらのスイッチが入るかは、その後の成りゆきにも影響する。

次のページに、ネガティブ、あるいはポジティブな反応を誘発する言葉をいくつか挙げた。でも、用心してほしい。これが絶対というわけではない。すべては文脈で決まる。

ネガティブになる言葉

- いいえ
- ○○しない
- あのー、えー
- うまくいかない
- ○○だけ
- わからない
- かもしれない
- ○○と思う
- はっきりしない
- ええと
- 難しい
- だめだろう
- 不可能だ

ポジティブになる言葉

- はい
- ありがとう
- もちろん
- 明らかに
- まったくそのとおり
- 当然
- 満足
- チャンス
- 機会
- 挑戦
- 確かに
- ○○について確信している

このなかに、あなたがよく使う言葉はあるだろうか？

いい言葉は「体温」を上げる

「はい」と「ありがとう」は、魔法の言葉だ。そこにはポジティブな感情がたっぷりこもっているので、神経システムがポジティブに反応する。

私たちは物心ついたときから、この2つの言葉を耳にしてきた。この2つの言葉は好ましいものと結びついており、たくさんのポジティブな感情と関わっている。

「……と思う」や「ええと……」などの表現は曖昧な印象を与えるため、ネガティブに伝わりやすい。脳はわからない状態を不快に感じ、いつも状況を正確にとらえたがっている。そして、わからないときは最悪の事態を想像し、はっきりとわかるまでは納得しない。

ストックホルム商科大学のミカエル・ダレーンは、心地よい言葉にどんな力があるか調べるために、一風変わった実験を行った。その結果、心地よい言葉は相手に温かさやエネルギーを与えることがわかった。

「私は1000人の被験者に、ごく最近、誰かからうれしくなるような言葉をかけられたり、そうした言葉を読んだりしたときのことを思い出してもらいました。その結果、うれしくなるような言葉をもらった人は、そうでない人と比べて孤独感がやや低く、幸福度はやや高く、気分も少しいいことがわかりました。その効果は、最長で1週間も続きました。その後、それらの言葉をまとめて、無作為に選んだ被験者に読んでもらい、それを誰かが言ったり書いたりしているところを想像してもらいました。この実験でも、やはり被験者の孤独感がやや和らぎ、気分も少しよくなりました。

しかも、**被験者たちは実験を行った部屋が暖かくなったと感じました。つまり体温が、1度とまではいかなくても、ほんの少し上がるだけの効果があったのです。**

ちょっとした温かい言葉が、文字どおりに彼らを温めたのかもしれない、そう考えた私は、それを検証することにしました。使ったのはエナジーメーター、身体のエネルギーの変化を読み取る装置です。それを夏のあいだ、美術展の会場に設置して、数千人の来館者に協力をあおぎました。

来館者は、そのメーターを身体につないで、タブレット端末にランダムに表示される先ほどの温かい言葉を読みました。**その結果、夏が終わる頃には、スウェーデンの平均的な家庭5軒の照明を、冬のあいだずっと灯せるだけの電力が発生したのです。**

その、ちょっとした温かい言葉とは、『今日、あなたのことを考えていました』といったシンプルなものでした。『あなたに会いたい』とか、最後に会ったときに言われたおもしろいこと、親切にしてもらったときに言われたこと、ヘアスタイルを褒めてもらったことなど、些細なコメントです。

毎日、誰もが相手の喜ぶようなことを心のなかでは思っていますが、なかなか口には出しません。なぜなら時間がない、あるいは言っても言わなくても何も変わらないと考えるからです。

そうした温かい言葉を言ったり書いたりしたらどうなるか考えてみてください。いったい何軒の家の照明を灯せるでしょうか？　何人の凍えている人を温めてあげられるでしょうか？」

たいていのことは「障害物」にも「機会」にも見える

私たち人間には、いろいろなタイプがある。真っ先に障害物、つまり、できないことや問題点に目を向ける人もいれば、できること、つまり「機会」に目を向ける人もいる。そして、自分が目を向けたことについて考えたり、発言したりする。

あなたがよく口にするのは、できることだろうか？　それとも、できないことだろうか？

できることについて話すと、その話はポジティブで魅力的なものとして聞き手に伝わる。花にハチが引きつけられるように、人が引きつけられるのは、「機会」の話をする人のほうだ。こういう人はお日さま脳が稼働しているので、こちらのお日さま脳もオンになりやすい。

これには何の不思議もない。私たちは、そういう人からエネルギーをもらっている。いわば、生きるために必要な栄養をもらっているのだ。

障害物に目を向けた発言	機会に目を向けた発言
・あなたは誤解している ・私の過失ではない ・私は20年もこの業界にいる ・これまでずっとこのやり方でやってきた ・それは不可能だ	・こちらが誤解のないように話すべきだった ・やり直そう ・いつも新たに学ぶべきことがある ・別のやり方を試して、結果を確かめよう ・解決策は必ずある

とはいえ、ありのままの現実から目を背け、障害物や問題があっても見て見ぬふりをしていいわけではない。

目の前に立ちはだかるものが何であれ、よく見れば解決策は見つかる。他者との話し合いにおいて、何か障害物があっても、視点を変えて機会にも目を向ければ、自分にとっても相手にとってもプラスになる。

障害物に目を向けた場合と、機会に目を向けた場合のよくある発言をいくつか上に挙げよう。

自発性がポジティブを生む

ポジティブな言葉を選ぶ以外にも、ポジティブなシステムを起動させる方法はある。**「自発的になる」**

ことだ。これは、自分の人生は自分が責任を持つ、という考えで物事に取り組むことだ。自発的な行動は、たとえるなら車の運転席に座ってハンドルを握るようなものだ。自分の行きたい方向に車を走らせ、必要があればブレーキを踏み、スピードを上げたければアクセルを踏む。

これと反対の姿勢が、受動的に行動することだ。こちらは、運転を誰かに任せて、自分は後部座席に座っているようなものだ。自分はハンドルを握らないので、どこに到着しようと自分に責任はない。運転しているのは別の誰かだ。自分はたまたま乗る羽目になったに過ぎない。

たとえ必要があってもブレーキは踏まないので、もしかしたら衝突事故が起きるかもしれない。だとしても、自分には何の責任もない。運転していたのは自分ではなく、別の人間だ。

自発的なアプローチの場合、自分の言動や能力、結果は、あくまでも自分の意思決定によるもので、環境のせいではない。選んだのは自分だ。

自発性を発揮することは、自分の人生や環境を自分で計画し、形づくろうとすることだ。

受動的なアプローチは、その反対。自分の言動や能力、結果を環境のせいにする。この場合、自分には何も選択肢がないと考える。

もちろん、人それぞれ環境は違う。その環境からさまざまな形で影響を受けている。苦しみや悲しみのまっただ中にいる人もいる。そして誰もが、人生のどこかで、そうした体験をするかもしれない。

だが、与えられた環境のなかにも、機会は必ず存在する。問題は、それを見つけてどう活かすか、だ。

環境は、たとえるなら絵を縁どる額で、デザインは変えられない。だが、絵は自由に描ける。誰もがそのための絵の具を与えられている。

ところが、受動的になると、こう考える。「こんな小さくて不格好な額を与えられたんじゃ、絵なんか描いても意味がない」

言葉は「マインド」になる

心構えやアプローチは、その人の話す言葉に表れる。受動的なアプローチと自発的なアプローチとでは、それぞれ表現の仕方が異なる。

受動的な言葉	自発的な言葉
・何もできることはない ・自分はこうするしかない ・やりたいのにやらせてもらえない ・できない ・ほかの人がちゃんとやっていれば	・ほかの選択肢を探そう ・別の道が選べる ・私に任せてもらえるように説得しよう ・やってみよう ・この状況でできることをしよう

自発的な言葉を使うと、やるべきことが明確になり、「私」を主語にした発言が増える。また、よりポジティブな気持ちにもなれる。自発的な言葉を使うと、お日さま脳のスイッチが入りやすい。

逆に、受動的な言葉は、どんより脳のスイッチが入りやすい。

お日さま脳のスイッチを入れる

・ポジティブな言葉や表現を使う
・その状況でできることに目を向ける
・自発的な言葉を使う

6章で手に入れたツール

▼お日さま脳のスイッチを入れる9つのヒント

①「〇〇しない」という言い方を避けて、どうすれば解決するかに目を向ける
②「イエス」と答えてから、解決策を伝える
③「私」を主語にして、自分の立場で語る
④「理由」を伝える
⑤「でも」は賢く使う
⑥シンプルを心がける
⑦選択肢を与えて選んでもらう
⑧要望はやわらかい言いまわしで伝えると、相手は快く応じてくれる
⑨どんどん褒める

▼どんより脳を起動させない方法

・ポジティブな言葉や表現を使う

・その状況でできることに目を向ける
・自発的な言葉を使う

7章に進む前に

あなたは、お日さま脳のスイッチを入れる9つのヒントのいずれかを使っているだろうか？　それはどれだろう？　改善して、もっと使いたいものがあるだろうか？

あなたは、ポジティブな言葉や表現を使っているだろうか？発言は「できること」「できないこと」のどちらが多いだろうか？改善したいことはあるだろうか？

あなたがよく使うアプローチは自発的？　それとも受動的？それはどのような発言だろうか？　改善したいことはあるだろうか？

7章

率直な物言い、おだやかな空気感

論理脳と感情脳の共存

あなたの知人に、こんな人はいないだろうか？　率直にものを言い、言葉を飾ることなくずばりと核心を突く。積極的で、何でも仕切ろうとする。他人の考えにはほとんど耳を貸さず、我が道を突っぱしる。もし道の途中に繊細で傷つきやすい人がいたとしても、まったく気づかずに通り過ぎてしまうだろう。

逆に、他者の話にじっくり耳を傾ける人はいないだろうか？　とても親切で、誰にでも理解を示し、同情して寄り添ってあげるような人だ。こういう人は、繊細で傷つきやすい人がいれば絶対に見過ごさず、時間をかけて話を聞き、否定することなく受けとめるだろう。

なぜ、こんなにも違うのだろうか？　何がこうした違いを生むのだろう？　その手がかりを得るため、大脳を構成する2つの半球に光を当ててみよう。右脳と左脳だ。

あなたは「ロジカル」にも「感情的」にもなる

左脳と右脳は、たいていは連携して働いているが、担当する仕事はちょっと違い、それぞれの働きも少し異なる。

具体的にいうと、左脳はおもに論理的な思考を担当していて、言葉の文字どおりの意味や事実、ルールなどを処理している。いっぽう、声のトーンや語気、顔の表情、ジェスチャー、ボディランゲージなど、感情が表れる非言語は、右脳が対応する。

左脳のほうを多めに使う人もいれば、右脳を多めに使う人もいる。いいかえれば、**活発に働いているほうの脳をとおして現実の世界を見たり、状況を処理したりしている**のだ。

左右を組み合わせて、どちらも同じくらい使っている人もいる。

1つの頭蓋骨のなかに脳が2つあるなんて、まるで1つの脳のなかに2つの人格や、2つの言語が備わっているみたいだ。ここで、リチャード・J・デビッドソンの研究を紹介しよう。それによると被験者の3分の1は、右前頭葉よりも左前頭葉のほうが活発に働いていた。もう3分の1は右前頭葉のほうが活発で、あとの3分の1にそうした違いはなく、左右の活動は同程度だったという。

右脳と左脳の働きは異なるため、どちらが活性化しているかによって、その人のふるまいは違ってくる。左脳が活性化していれば論理的思考が出発点になり、右脳が活性化していれば感情が出発点になる。

そう考えると、伝え方が人によって違うのも当然といえるだろう。先ほどの率直にものを言う人は、そのとき左脳にもとづいてふるまっていると考えられる。また、親切で、他者に理解を示し、常に相手の気持ちに配慮する人は、感情に関わる右脳ベースのふるまいをしていると思われる。

右脳と左脳の働きは、それぞれ違った形で表に出る。

シアトルで特異な才能を持つ子どもの教育にたずさわるメレディス・オルソンは、これを目に見える形でとらえた。オルソンは、生徒が言語を扱う課題に取り組んでいるときには頭が左に傾き、非言語を扱う課題に取り組んでいるときには頭が右に傾いていることに気づいた。つまり、言語を扱う課題のときは右側の視野を使い、非言語の課題のときには左側の視野を使っているように見えた。

研究では、これが正しいことが立証されている。右の視野は左脳と関係があり、左の視野は右脳と関係がある。

こうした左右の脳半球の働きを発見した著名な研究者の1人が、ロジャー・W・スペリー（1913〜1994）だ。スペリーはその実績を評価されて、1981年にノーベル生理学・医学賞を受賞した。

スペリーは1960年頃に、重度のてんかん患者を治療するため「分離脳」手術（脳《のう》梁《りょう》離断術）を行った。これは、右脳と左脳をつないでいる神経の束を切断する手術だ。このときスペリーは、左右の脳半球がそれぞれ違う機能を持っていることに気づいた。

スペリーは、1981年のノーベル賞の受賞講演でこのように語っている。

「右脳と左脳のどちらを使うかによって、まるで2人の人間がいるように、2つの異なる精神的アプローチのどちらかを用いる様子が見られます」

脳科学者のジル・ボルト・テイラーは、この右脳と左脳の働きを、スペリーとはまったく違う形で学んだ。左脳の脳卒中だ。

テイラーは著書『奇跡の脳』のなかで、右脳だけの意識をとおして味わったさまざまな体験をつづっている。

本来なら右脳と左脳のあいだで常に情報のやり取りが行われているので、自分の体験している状況をきちんと処理できる。ところがテイラーの場合、左脳の機能を失ったために、はからずも右脳だけに支配される体験が可能になったのだ。

本のなかで、テイラーは脳卒中を起こす前の自分について、次のように述べている。

「若い頃は、物事の違いを考える（左脳）よりも、さまざまな物事のなかに関連性を見いだす（右脳）ほうにおもしろさを感じました。言葉で考える（左脳）より、イメージで考える（右脳）ほうが好きだったんです。

ところが、大学院に進んで解剖学に夢中になると、細かいことを記憶したり、そうした記憶を引きだしたりすることに明け暮れるようになりました」

脳内の「おしゃべり」がやんだテイラー

１９９６年12月10日の午前7時、テイラーは、左目の奥に刺すような痛みを感じて目を覚ました。当時、37歳だった彼女は、ハーバード大学で脳の研究にたずさわり、全米精神疾患同盟（ＮＡＭＩ）の理事も務めていた。まもなく彼女は、その症状が脳卒中だと気づく。そのあいだにも、左脳に関わりのある機能は徐々に失われていった。

過去の記憶は呼び戻せなくなり、未来について考えることもできなくなった。時間の感覚はなく、あるのは「いま」だけだった。言語処理の能力も失われ、言葉を理解したり文章にしたりすることができなくなった。

ところが声のトーンや顔の表情、ジェスチャーといった非言語コミュニケーションには敏感になり、他者からエネルギーを与えられたり奪われたりする感覚は強くなった。

私たちの内面では、いつも対話がなされている。いってみれば、脳が四六時中おしゃべりしているようなものだ。ところがテイラーの場合、このおしゃべりもやんでしまった。物事を分析する力もなくなった。「１＋１は？」と訊かれると、「１って何？」と訊き返

左脳	右脳
論理的思考	感情
細部を見る	全体像を把握する
規則を守る	規則にこだわらない
言葉、言語	シンボル、イメージ
時間の流れを意識する	いまを意識する
数学	哲学、宗教
科学	文脈を理解する
現実にもとづく	成長を期待する
戦略を立てる	未来に希望をたくす
実際的	空間認識能力
安定志向	想像
	現実のなかに可能性を見いだす
	リスクをとる

した。物事の全体像はわかっても、細かい部分は把握できなかった。

長年、研究者としてたずさわった分野も、全体的なイメージは描けても、専門理論や用語は思いだせなかった。

また、宇宙と一体化したような内面の深い安らぎのなかにいながらも、現実の世界からは切り離されたように感じた。そのため、現実の世界を把握しながら他者とコミュニケーションをとるのは至難の業だった。ところが、他者との言葉のやり取りに苦労するいっぽうで、共感する力は前よりも高まっていた。

テイラーの脳は、8年かけて徐々に回復していった。前述の本が出版されたのは、脳卒中を起こしてから12年後のことだ。左脳の機能が戻ってくると、彼女は自分の体験を言葉で表せるようになり、記憶力も取り戻した。

研究によると、左右の半球はどちらかが優位に立つことがあると同時に、この2つはしっかり手をつなぎながら、互いに協力して私たちの体験をつくっているという。

私たちは、状況に応じて左脳（論理）にもとづいたふるまいや、右脳（感情）にもとづいたふるまい、あるいは左右が連携したふるまいをする。

ロジャー・W・スペリーの研究やテイラーの体験からわかるのは、私たちが他者と会話しているときに、右脳と左脳がそれぞれ異なるものを処理するとともに、左右の脳が連携して1つの体験をつくりだしていることだ。

「右脳」が強いとき、「左脳」が強いとき

スペリーが右脳と左脳の違いを指摘したとはいえ、本来この2つは互いに助け合ってい

る。その助け合いを可能にしているのが、脳梁だ。これは、左右の脳をつなぐ神経線維の束で、2億〜8億もの神経線維から成り、2つの脳の活動を調整している。

おもしろいことに、薬理学の研究者スタンリー・D・グリックの研究によると、脳のシグナルを伝えている物質は、左脳ではドーパミンがわずかに優勢で、右脳ではノルアドレナリンが優勢だという。

こうした物質は、さまざまな形で私たちに影響を与えている（これらの物質が私たちにおよぼす影響や、私たちのふるまいがこれらの物質にどう影響するかは、8章詳述）。研究によれば、右脳は新しい事柄を処理し、左脳はルーティーンワークなど日常的な事柄を処理しているという。


これは、とても興味深い知見だ。私自身、新しいものに魅かれるし、何かが成長していくのはすばらしいと思っている。とはいえ、ルーティーンワークを好む人もたくさんいる。新しいことが好きな人とルーティーンワークが好きな人が長く一緒に働く場合、その違いがトラブルのもとになるかもしれない。その場合、片方はおもにルーティーンワーク、もう片方は新しいものに対応する業務、といった役割分担をするといいだろう。

この分け方に照らして考えると、あなたには左右どちらの特徴が強く表れているだろう？　どちらをよく使うだろうか？　それは、そのときの状況によるだろうか？　もしそうなら、右脳にもとづいたふるまいをするのはどんな状況で、左脳にもとづいたふるまいをするのはどんな状況だろう？

自分のことがわかれば、自分がどんなシグナルを送っているかがわかる。自分がどちらの脳の影響を受けているか認識したら、今度は接している相手に注意を払おう。いま、その人には左右どちらの特徴が表れているだろうか？　自分と相手が左右どちらの脳の影響下にあるかをふまえてふるまえば、より円滑なやり取りができるはずだ。

自分を貫くより「相手に合わせる」ほうが得

一般的に、人は自分と同じ接し方で接してもらうことを好む。そのため、同じコミュニケーションのとり方をすれば、こちらの伝えたいことがすんなり伝わる。相手は親身に話を聞いてもらえたことで、尊重されていると感じて、自分を肯定できる。

たとえば、相手が筋道立てて話していたら、たぶん左脳が活発だ。そんなときは、たとえあなたが右脳優位の感情豊かな話し方をする人でも、相手に合わせたほうがいい。感情は抑えて、理路整然とした話し方を心がけよう。そうすれば、その人の言動の起点が右脳であれ、左脳であれ、それを尊重して合わせようという姿勢が伝わる。

職場では、顧客のコミュニケーションのとり方に合わせよう。また、会話の相手が同僚やパートナー、友だちなら、互いに責任がある。どちらも、相手に合わせようとする姿勢が必要だ。

右脳と左脳の特徴を知っていれば、それだけ自分を調整しやすくなる。そのぶんエネルギーは使うが、こうした知識をとり入れれば、自分についても、また相手についても理解が深まり、なぜそうしたふるまいをするのか気づくようになる。

そうした気づきが、よい人間関係を築くのだ。

「共感してからの論理」という最も効く手順

もう1つ知ってほしいのは、「脳をまるごと使う」ことだ。つまり、**左脳の論理的な言語と、右脳の感情豊かな言語をバランスよく使って、コミュニケーションをはかる**のだ。

いまの社会では論理のほうが優先されがちだが、じつは脳で重要な役割を演じているのは感情のほうだ。そのため、左右の脳をバランスよく使うには、論理的な話をする前に相手の言葉に耳を傾け、それを肯定することが大切だ。

まずは、右脳ベースの感情のこもった言語で対応しよう。論理的な話や本題に入るのはそのあとだ。「待ってくれ、ここは大人になって話そう」という言葉は、いまは感情を抑えて冷静に話し合おう、という意味だ。でも、たとえ大人でも、私たちはそうなれない仕組みになっている。

私たちには右脳と左脳があることを意識し、この2つをバランスよく使おう。そうすれば、自分と相手を正しく理解しながら、適切に対応できるだろう。

私たちがもっと理解し合えば、いかに頻繁に誤解し合っているかがよくわかるだろう。

マグヌス・フォン・プラーテン（スウェーデンの作家）

「ロゴス」と「パトス」を使う

スピーチの技法、いわゆる「レトリック」は、右脳と左脳が連携してこそ可能になる。

ところが、このレトリックは2000年以上も前からあるのに、右脳と左脳が異なる機能を持つことがわかったのは、ほんの70年ほど前だ。

この2つの脳が互いに助け合って働いていることは明らかだ。レトリックの技法を書物にまとめた哲学者のアリストテレスによれば、話者は「論理《ロゴス》」と「感情《パトス》」のバランスをとらなければならないという。あらゆるコミュニケーションにおいて、この2つはなくてはならない要素だ。

■ロゴス

知性と理性によって語る。事実、数字、図形、統計、調査にもとづいて説得する。

■パトス

感情を込めた表現によって、相手の心に訴える。

ロゴスは左脳の言語能力、パトスは右脳の感情表現と一致する。つまり、**人の心を動かすには脳をまるごと使って語る必要がある**、というのは、いまにはじまったことではないのだ。

「現実」は人によって違う

私たち人間は一人ひとり違うので、ふるまいが生じる起点も違う。そのために、ちょっとした混乱も起きる。

たとえば、自分にとっては当たり前のことなのに、なぜ相手は理解できないのか、と思うときだ。だが、人はみんな波長が違い、誰もが同じ音を聞いているわけではないので、常に理解し合えるわけではない。また、世の中を見るレンズも一人ひとり違うので、見えている現実も違う。まわりの状況がまったく見えないときもある。

自分のレンズをとおして見えるものも、自分の波長をとおして聞こえるものも、自分にとっては当たり前のものだ。それが、自分自身の世の中のとらえ方だ。この見え方や聞こえ方は、「脳の構造」によって異なる。

たとえば、**脳のある部分を多めに使い、ある部分を少なめに使うだけでも、世の中のとらえ方やふるまいは変わってくる。**会話の相手のレンズや波長が自分とは違い、その人が自分と正反対の考え方をする場合、交流はスムーズにいかないだろう。互いに異なる現実のとらえ方をしているので、思考がうまくかみ合わないのだ。

人間の本質はみな同じであり、違いをつくるものは習慣や学びだ。

孔子

内向型と外向型で「エネルギーの補給方法」が異なる

人間の個性の違いについて調べた研究は山ほどある。右脳と左脳の研究も、その1つだ。かの有名な心理学者、カール・グスタフ・ユングは、1921年に『タイプ論』［林道義訳、みすず書房、1987年］を発表して、「内向型」と「外向型」の概念を世に広めた。

一例を挙げると、外向型の人は他者との交流によってエネルギーを補給し、内向型の人は1人で過ごすことでエネルギーを補給するという。

一般的に、外向型は考えるより先に話す傾向にある。いっぽう内向型は、話す前にまず考えるが、その時間がとても長いときもある。この特性だけで考えると、私は間違いなく、内向型だ。

ユングは、人間の個性を、4つの心の働きにもとづいて分類した。「思考型」「感情型」「感覚型」「直観型」だ。そして、この4つそれぞれに内向型と外向型があると考えた。つまり、人間の性格は8つのタイプに分けられる——これがユングの説だ。

「コミュニケーションの研究」を自己改善に利用する

人間の性格に関する研究知見を統合した、最も信頼できる最新の分類法は、「ビッグファイブ」（特性5因子モデル）というものだ。

このビッグファイブは、次の5つの傾向をもとに分析する。

- 新しさや変化を求めるか、保守的で安定を好むか
- 内向的か外向的か
- 慎重か不注意か
- 情緒が安定しているか不安定か
- 協調性があるか対立的か

誰もが、この5つの要素それぞれのスペクトラムのどこかにいる。そのため、たくさんの組み合わせが生まれ、性格のタイプは膨大な数になる。

ビッグファイブは、さまざまな研究に使われている。とはいえ、日常的に自分を振り返って自己改善に役立てるには、ちょっと規模が大きすぎる。

だから、私はもっとシンプルな方法を使いたいと思う。コミュニケーションのとり方を4つに分類する方法だ。

これなら前に述べた右脳と左脳のことや、内向型と外向型の違いについて理解が深まり、実生活にも役立てやすい。

私は、人間にはそれぞれ独自の行動スタイルがあるのではなく、誰もが、この4つのコミュニケーションのスタイルにもとづいて行動していると考えている。そのほうが、自分や他者をよく理解できる。

コミュニケーションスタイルは、性格のタイプのように無数にあるわけではない。そのいっぽうで、性格はどんな状況でも変わらないが、ふるまいは変わるし、意図的に変えることもできる。それでも、たいていの人は生まれたときから習慣的に、同じスタイルを使いがちだ。

そこで、ぜひ自分を振り返ってほしい。「私のコミュニケーションスタイルはいつも同じだけど、本当にそれでいいのだろうか？　いくらか変えれば、人間関係が改善するのではないだろうか？」

これから述べるコミュニケーションスタイルは、おもに右脳と左脳、そして内向型と外向型の特徴にもとづいている。もしかしたら、すでに似たような分類法を知っているかもしれない。分類法はさまざまあり、判定の手法もそれぞれ異なる。

私の手法は、研究と経験によって編み出したものだ。経験をあなどってはいけない。我が国スウェーデンは経験をとても重視し、研究知見と経験は互いに補い合うべきで、教育と指導にはどちらも欠かせないと考えている。

コミュニケーションスタイルの4分類

あなたが活用しやすくなり、多くのメリットが得られるように、私は4つのコミュニケーションスタイルに覚えやすい名前をつけた。これからその4人、「**どんどんやろうのドリス**」「**和気あいあいのアイダ**」「**フィーリングのフレディ**」「**アナリストのアレックス**」を1人ずつ紹介していこう。

この4人のうち、2人は内向型で、あとの2人は外向型だ。また、2人は左脳が優位、あとの2人は右脳優位の行動をとる。それぞれの特徴は典型的だが、私たちの実際のふるまいは、こうした特徴の組み合わせとして表れる。人によっては、1つのスタイルが際立っていることもある。

次に述べる4つのスタイルを読んで、どれが自分に近いか、どれが自分とはまったく違うか考えてみよう。

ただし、私が「ドリスは、これこれこういうタイプで……」などと書いていても、それはあくまで代表的な特徴としてまとめたに過ぎない。誰もが、この4つのうちのどれか1つに限定されるわけではない。人間は状況しだいで、さまざまなふるまいを見せる。それらすべてが相まったものが、あなたという人間なのだ。

どんどんやろうのドリス

その名が示すとおり、どんどんやろうのドリスはエネルギッシュで、とても行動的だ。外向型なら単刀直入に指示を与え、内向型の気質が少しあるならちょっと慎重に、たとえばカレンダーを見ながら「それはいい案ですね。では、いつやりましょうか？」などと言うだろう。

ドリスにとって大切なのは、実行すること、課題をやり遂げること、目標を達成するこ

とだ。じっと座ってアイデアをあれこれ検討するなんて、無意味だ。また、話し合いはあくまでも現実的で、具体的な結果につながらないといけない。

どんどんやろうのドリスは、物事が思いどおりの結果にならないと気が済まない。チームで出した結果に満足できなければ、自力で何とかしようとする。それこそが物事を確実にやり遂げる唯一の方法だから、あるいはそう考えているからだ。

ドリスの意識は常に目的を果たすことや、実行すべきタスクに向いている。「いま、やるべきことは何？　すぐにやらなくちゃ」が口癖だ。

ドリスは精力的で、迷いがなく、活力にあふれている。最善の結果を得るために最善の策を練るなんて時間の無駄だと思っている。トラブルは、起きたときに対処すればいい。たとえ先を急いでトラブルが発生したとしても、どうということはない。とにかく何かやってみるのが大切だ。それが成功の早道だ。

とはいえ、目的を果たそうと熱が入るあまり、ドリスは視野が狭くなりやすい。なかなか進展しなかったり、思いどおりの結果が出なかったりすると、まわりが見えなくなる。

その場合、自分の力で無理やり解決しようとする。でも、やるべきことで頭がいっぱいなので、自分がいかに強引か、ほとんど気づかない。そうなると、まわりの人は意欲を失う。

みんなドリスのペースについていけなくて、投げやりになる。「あんたの好きにすればいいじゃないか。どうぞご勝手に」

どんどんやろうのドリスは、いわば猪突猛進型だ。危機的な状況なら、すばやく指揮を執る人が必要なので、ドリスみたいな人は好都合だろう。ドリスは、いつもゴールしか見ていない。いわば未来に生きている。また、物事の細かい部分よりも全体像を見る。細かいことなど気にしていたら、時間はいくらあっても足りない。

行動なくして人生に意味はない。

ハンス・クリスチャン・アンデルセン（デンマークの童話作家）

どんどんやろうのドリスの強みは、目標志向、押しの強さ、実行力、手際のよさだ。また、誠実で、独立心が強く、堅実に物事をやり遂げようとする。ドリスにとって、会話を望む方向にリードすることなど造作もないだろう。コミュニケーションスタイルは単刀直入で、目標を達成することに重点を置く。

このドリスがストレスを感じると、どうなるか。たとえば自分の求めるものが満たされなかったら？　思いどおりの結果は出ないし、誰も何とかしようとしない。ドリスはまわりに不満をぶつけるだろう。まわりの人は、そんなドリスを無神経で、せっかちで、気が短くて、自己中心的だと思うかもしれない。

あなたのまわりに、どんどんやろうのドリスはいないだろうか？　ドリスと接するとき、あなたはどう感じ、どうふるまうだろう？　ドリスがあれこれ采配を振るのを、快く思うだろうか？　無神経でせっかちだと思う？　ドリスは行動力抜群で、じっと待っていられないタイプだが、あなたはどうだろうか？

どんどんやろうのドリス

どんどんやろうのドリスは行動が速く、目標の達成を重視する。

雑談はしないで、すぐ本題に入る。

ドリスのようなタイプは、「急がば回れ」という言葉を思い出すべきかもしれない。ゴールだけでなく、そこにいたるまでの道のりも大切だからだ。

あなたのなかに、このどんどんやろうのドリスはいないだろうか？　もしそうなら、別のアプローチにも利点があることに気づいてほしい。たとえば、もっと休憩をとる、考える時間を相手に与える、相手に問いかけて気持ちを確かめる、などだ。

すぐ次の課題に移るのではなく、相手の話にじっくり耳を傾けることも必要だ。まわりの人にもっと関心を示そう。彼らがぐずぐずしているように見えても、手は出さないようにしよう。

和気あいあいのアイダ

和気あいあいのアイダは、いつも楽しいアイデアを出してくれるので、まるで光が差したようにその場の雰囲気が明るくなる。少なくともアイダ自身の気分がいいかぎりは。仲間をボウリングに誘ったり、夕食に連れ出したりするのが、このタイプだ。アイダは思っている。「一緒にいい仕事をするには、一緒に楽しまないと」どんどんやろうのドリスがこれを見たら、ため息をついて「仕事をするためにここにいるのでは？」と思うはずだ。でも、アイダが大切にしているのは、仲間との良好な関係だ。アイダはコミュニケーションが得意だ。そのうえ、どんな状況でもチャンスを見いだす。口癖は「何も問題ない」だ。

和気あいあいのアイダを動かしているのは、刺激や承認への欲求だ。なぜなら、どんどんやろうのドリスとは違い、**アイダはまわりにどう思われているかを気にするタイプで、**

タスクを実行することより人間関係を優先するからだ。

また、他者を感化したり新しいものをつくったりするのが好きで、おもしろそうなアイデアにはすぐに飛びつく。目先の変わったことは大歓迎だ。

和気あいあいのアイダは、ゴールにたどり着くことも大切だけれど、いちばん大切なのはそこまでの道のりだと思っている。アイダの目は、いつも幸せや喜びに向いている。また、状況によっては、解釈を変えたり目標を変更したりすることもまったく厭《いと》わない。

どんなピンチもチャンスに変える彼女のお気に入りの言葉は「すべてうまくいく」だ。

問題が起きても、それは作業着を着たチャンスにすぎない。

ヘンリー・J・カイザー（アメリカの実業家）

和気あいあいのアイダが前に進むための燃料は、インスピレーションだ。それがないと彼女は気力を失い、やるべきことを忘れてしまう。そうなると仕事はそっちのけで、おしゃべりに夢中になる。アイダは、みんなとあれこれアイデアを出し合うのが大好きだ。自由な発想からエネルギーを補給する。

どんどんやろうのドリスと同じく、和気あいあいのアイダもテンポは速いが、アイダは仕事より人間関係を優先する。アイダは人の心を読んだり、状況を敏感に感じとったりすることに長《た》けていて、さまざまな声のトーンやボディランゲージ、言葉によって他者に影響を与えられる。

アイダの強みは、快活で、創造的で、他者の意欲をかき立てて引き込むのがうまいこと。コミュニケーションスタイルは変化に富み、自発的で、感情豊か。よくしゃべるし、アイデアもたくさん飛びだす。

ところが、ストレスを感じたり、変化やアイデアへの欲求が満たされなかったりすると、意欲を失う。そんなアイダを、まわりの人は、地に足が着いていないと思うかもしれない。アイデアが豊富な反面、移り気で、非現実的で、堅実性がないと感じるかもしれない。

> **和気あいあいのアイダ**
>
> 和気あいあいのアイダはテンポが速く、感情を豊かに表現する。
>
> 問題点について話し合うときは、みんなが気持ちよく意見を交わすことを望む。

あなたのまわりに、和気あいあいのアイダはいないだろうか？　アイダと接するとき、あなたはどう感じ、どうふるまうだろう？　あなたは、誰かがいいアイデアやおもしろいことを提案してくれるのを好ましく思うだろうか？　それとも余計なお世話だと感じて、うんざりするだろうか？　アイダは常にアイデアやひらめきを求めているが、あなたはどうだろう？

和気あいあいのアイダのようなタイプは、持ち前の熱意をちょっぴり控え、少しだけテンポも落として、休憩をとるといいだろう。もっと堅実になり、目の前のタスクに粘りづよく取り組んで、何のためにやるのか、何が目標かを自分に言い聞かせるといい。

また、他者の自主性を尊重し、彼らの話にじっくり耳を傾けることも大切だ。やりかけたことを最後まで続けることも。

フィーリングのフレディ

フィーリングのフレディは、協調性や一体感を重視する。そのため、誰もが注目され、話を聞いてもらうべきだと考える。そして、それを実現する。一人ひとりの話にじっくり耳を傾け、全員の意見を一致させようとする。フレディがめざすのは、1人も反対者がいない状態だ。

フィーリングのフレディが求めるのは、人間同士のつながりと安心感だ。それを実現するためなら、協力を惜しまない。だから、いつも進んで手を差し伸べる。

ところが、どこでも良好な人間関係を築こうとするあまり、1人で多くを抱え込んで手に負えなくなる危険がある。それでもフレディは人望があって、とても義理堅い。みんなの気持ちをおしはかり、困っている人がいればすっ飛んでいって、何かできることはないかと訊く。

だから、自分のことは後まわしになりがちだ。もしフレディに「大丈夫？」と訊いたら、「きみが大丈夫なら、ぼくも大丈夫だよ」と答えかねない。

フィーリングのフレディのテンポは緩やかだ。また、フレディにとっていちばん大切なのは人間関係だ。自分が注目されたいとは思っていない。フレディの目はいつも、他者の欲求や成長に向いている。

フレディの強みは、粘りづよく、忍耐力があり、物事のプラスの面に目を向けられるところだ。とはいえ、自分よりも他人を優先すれば、自分の欲求は満たされないまま、1人で重荷を背負うことになるだろう。

互いに思いやりを持とう。私たちの多くは苦しい闘いをしているのだから。

イアン・マクラーレン（イギリスの作家）

フィーリングのフレディは丁重で、穏やかで、義理堅く、堅苦しいところがなく、思慮深い。だから、よい人間関係を築いて維持するのが得意だ。また、相手の自主性も尊重する。

フレディのコミュニケーションスタイルは、認める、同意する、誠実、シンプル、穏やかな態度だ。

そんなフレディをどんどんやろうのドリスが見たら、じれったくて足踏みするだろう。もっとテンポを速めて、やるべきことに集中すべきだと思うはずだ。

いっぽう、和気あいあいのアイダなら、その場の雰囲気はいいに越したことはないと思っているので、人間関係を第一に考えるフレディに共感するだろう。ただ、もうちょっとスピードアップすればいいのに、とも思うはずだ。なにせフレディの場合、何もかもスローペースだ。

アイダだったら、ぐずぐずしていないで他者からどんどん新しいアイデアを手に入れる。でも、フレディには、そういうことがストレスになる。

フィーリングのフレディは、自分のニーズが満たされなかったり、ストレスを感じたりすると、ひどく内省的になる。決断することを恐れ、相手の顔色をうかがうようになる。

フィーリングのフレディ

フィーリングのフレディのテンポは、とても緩やかだ。

他者の話に耳を傾けて、相手の気持ちに寄り添う。また、状況をひとつひとつ丁寧に説明する。

彼は安心感を求めている。そのため、時間をかけてすべてを理解しようとする。

他者に依存し、些細なことが気になりだす。テンポはさらに遅くなり、存在感も薄くなる。

あなたのまわりにフィーリングのフレディはいないだろうか？　フレディと接するとき、あなたはどう感じ、どうふるまうだろう？　みんなが気分よくいられるように気を配る人を、あなたは好ましく感じるだろうか？

それとも、じれったくて、「フレディはやることが遅すぎる。自分だったら、みんながどう思ってるかなんて、いちいち訊かないのに」と思うだろうか？　フレディは、いつも思いやりにあふれているが、あなたはどうだろう？

フィーリングのフレディの場合、何かに取り組むときにはもう少しペースを上げて、時間を有効に使うべきだろう。また、目標や目的、出すべき結果についても、しっかり考えるべきだ。

仕事と人間関係は分けて考え、自分自身の考えを主張

し、要望があればちゃんと伝えたほうがいい。

アナリストのアレックス

最後に、アナリストのアレックスだ。

アレックスのキーワードは「クオリティ」と「客観性」だ。どんな状況でも、アナリストのアレックスがいれば大船に乗った気分でいられるだろう。

アレックスがいれば間違いなど起こらない。行動する前に必ず状況を細かく分析するし、論理的に考えるのも得意だ。最初から正しいやり方で取り組むべきだと考えていて、あとで修正するような事態はまず起こらない。

どんどんやろうのドリスなら、たとえ失敗する可能性があろうとすぐ行動するけれど、アレックスにとって、それは教会で汚い言葉を吐くのと同じくらい大それた行為だ。正しいやり方ではじめないのは時間と労力の無駄遣いだと思っている。ずさんなやり方は許されない。

そのため、十分な時間がないのは、アレックスにとって大きな試練だ。クオリティを満たすための時間がないと、細部にこだわることができないため不満に思う。

アレックスの仕事は確かなので、時間はかかるものの必ずやり遂げるし、目標も達成する。彼は、すべてが適切に行われるべきだと考えている。また、テンポは緩やかで、人間関係よりやるべき課題を優先する。

アレックスの原動力は現代社会で重要なもの、つまり知識の収集だ。自分に求めるクオリティの基準はとても厳しく、細部まで完璧にやらないと気が済まない。だから、計画のぶんも含めて十分な時間が必要になる。

とはいえアレックスの場合、余計な仕事は生じない。ずさんなやり方のせいで生じた不具合を修正するようなことは絶対に起こらない。アレックスは、いつも完璧なクオリティを求めている。最低基準もかなり高く、それ以下になるのは我慢できない。

偉大な精神は、いつも凡庸な精神の激しい反発に遭ってきた。

アルベルト・アインシュタイン（理論物理学者）

アレックスの強みは、周到で、客観的で、まじめで、正確なところだ。また、何かを分析したり組み立てたりすることや、物事を整理して論理的に考えることに長けているので信頼性がある。

アレックスのコミュニケーションスタイルは、事実を何より重視し、分析的で、正確で、細部にこだわり、言葉を飾らない。また、雑談は休憩室でするものであり、仕事中におしゃべりするなんて、時間を無駄にするだけだと考えている。

仕事のクオリティへの欲求が満たされなかったり、ストレスを感じたりすると、アレックスは決断力を失う。ペースが落ち、不平を訴え、気難しくなり、融通が利かなくなる。アレックスとは違う考え方をする人なら、頭の固い真面目人間だと思うだろう。

アナリストのアレックス

アナリストのアレックスは、テンポが遅い。物事がなぜそうなるのかについて、論拠をたっぷり示して説明する。彼がたくさん質問するのは、細かいところまで完全に理解したいからだ。

あなたのまわりに、アナリストのアレックスはいないだろうか？　アレックスと接するとき、あなたはどう感じ、どうふるまう？　少なくとも2度はストップをかけて、品質基準がすべて満たされているか確かめる人がいたら、快く思うだろうか？　仕事がなかなかはかどらないうえ、徹底的に細かくチェックされることにストレスを感じるだろうか？

アナリストのアレックスは、物事を分析したり考察したりするのが大好きだけれど、あなたはどうだろう？

アナリストのアレックスの場合、ときにはペースを上げて、もう少し早く行動に移すといいかもしれない。他者の気持ちを訊いて確かめるのもプラスになる。**雑談の時間をとり、他者に関心を示すことも大事だ。**

また、自分の考えや気持ちを、もう少し表に出して伝えるといいかもしれない。

相手と「同じスタイル」は強い

こうしたタイプに応じたコミュニケーションのとり方を意識しなければいけない。相手は、どんなコミュニケーションスタイルを望んでいるだろうか？　相手と同じスタイルを選べば、うまく意思疎通がはかれるはずだ。そう、「類は友を呼ぶ」だ。

・どんどんやろうのドリスが求めるのは、早くゴールにたどり着くことだ。雑談は避けて、すぐに本題に入ろう
・和気あいあいのアイダも物事を速く進めたがるが、何より感情豊かな交流を求めている。人間関係を重視するので、問題点について話し合うときは、気持ちよく意見を交わすこ

とを心がけよう

・フィーリングのフレディは、発言にじっくり耳を傾け、気持ちに寄り添ってほしいと思っている。状況を説明するときは、ひとつひとつ丁寧に説明して、フレディを安心させよう。フレディは、時間をかけてすべてを理解したいと思っている

・アナリストのアレックスは、なぜそうなるのかを説明し、その論拠を示してほしいと思っている。また、アレックスは細部まで徹底的に理解したいので、いろいろ質問されても面倒がらず丁寧に答えよう

相手の波長に合わせて、同じスタイルでコミュニケーションをとると、相手は尊重されていると感じる。前述のように、自分とタイプが似ていれば、波長を合わせやすい。逆に、まったく違うタイプなら、意思疎通をはかるのに手こずるかもしれない。

話す前に自分のタイプを知る

4つのスタイルのうち、あなたはどれにいちばん近いだろう？

物事を進めるペースは速いだろうか？　それとも、ゆっくりだろうか？　関係者全員が

気分よく過ごすことが大切だと思うだろうか？　それとも、やるべきことを第一に考え、合理的に物事を進めるべきだと思うだろうか？

こうした問いへの答えが、自分のスタイルを知るカギになる。

あなたがペースの速いタイプなら、どんどんやろうのドリスか、和気あいあいのアイダに似ているかもしれない。ゆっくりしたペースなら、フィーリングのフレディか、アナリストのアレックスと似たタイプかもしれない。

目の前のやるべきことを最優先にするなら、どんどんやろうのドリスか、アナリストのアレックスと同じタイプだ。関係者全員が気持ちよく取り組むことを大切に考えるなら、和気あいあいのアイダか、フィーリングのフレディに似ている。

たいていの人はこの4つのスタイルのうち、2つか3つの特徴を同時に備えているが、必ずいちばん顕著なスタイルがある。**ある意味では、自分のなかに4つすべての要素があり、そのときの状況に応じて、いずれかのスタイルが表に出るといえるだろう。**ただ、ここで述べているのは特定の状況に合わせてふるまう場合ではなく、デフォルト、つまり他者と接するときに最もよく表れるスタイルのことだ。

自分がどのスタイルかがわかれば、他者と接するとき何に注意すればいいかわかる。たとえば、あなたがフィーリングのフレディと一緒にいるとリラックスできるなら、どんどんやろうのドリスと接するときは、ドリスの仕事の進め方に合わせるため、デフォルトのスタイルは脇に置こう。いつもよりペースを速め、やるべきことだけに集中し、てきぱきと行動しなければならない。

数年前の私の体験を例に挙げよう。私は講義を控えていて、その内容を電話で詳しく説明したいと思った。ところが担当者と話しはじめてすぐに、その女性がドリスのタイプだと気づいた。こちらが伝えたいことを伝えきれていないのに、彼女は一方的に「承知しました。では、そういうことで」と言った。

私は、まだまだ言いたいことがあるのに、そこで口を閉じて会話を終わらせるよりほかなかった。でも、どんどんやろうのドリスにしてみれば、決断を下したので、もう話を聞く必要はなかった。

それ以上話しても彼女には何のメリットもなく、時間の無駄でしかなかったのだ。

「自分と違うタイプ」が内心で思っていること

あなたのコミュニケーションスタイルが、どんどんやろうのドリスにいちばん近い場合は、フィーリングのフレディや、アナリストのアレックスのペースは、かなり遅く感じるだろう。
相手がフィーリングのフレディなら、「人の顔色をうかがいすぎる。人がどう思うか、それしか頭にないみたいだ」と思うかもしれない。いっぽう、相手がアナリストのアレックスなら、細かいことばかり延々と話しつづけるので、やるべきことがなかなか進まなくて、いらいらするだろう。

あなたが和気あいあいのアイダと一緒にいて息が合うと感じるなら、やはりフィーリングのフレディや、アナリストのアレックスのペースは遅すぎると思うはずだ。どんどんやろうのドリスは、あなたから見れば、あまり感情を表に出さないタイプに思えるだろう。

もし誰かから繊細すぎると言われたり、フィーリングのフレディのスタイルに心地よさを感じたりするなら、どんどんやろうのドリスや、アナリストのアレックスが無神経に思えるかもしれない。
それに、ドリスやアレックスは現実的なことしか言わないので、人の気持ちをないがしろにしていると感じるはずだ。また、ドリスのペースは速すぎると思うだろう。

和気あいあいのアイダに対しても同じで、言うことがころころ変わるアイダにはついていけなくなるはずだ。

あなたが細部にこだわって物事を客観的にとらえる人なら、アナリストのアレックスのタイプだ。その場合、和気あいあいのアイダや、フィーリングのフレディに対して気配りが過ぎると感じるかもしれない。

あなたは思う。「他人の気持ちを考えたり、仕事を楽しんだりするのもいいが、ものには限度がある。そのために仕事をしてるわけじゃない。職場は仲良しクラブじゃないんだ。仕事は仕事。遊びじゃない」

また、あなたは、どんどんやろうのドリスのような性急なやり方は失敗のもとだと考えるだろう。ドリスのやり方は、ひどく癪《しゃく》に障るはずだ。

わからず屋ではなく「脳の本拠地」が違うだけ

自分のまわりはわからず屋ばかりだ、と嘆くのではなく、脳のいずれかの部位の影響を大きく受けているから、そうしたふるまいをするのだ、と考えよう。

論理的な思考をつかさどる左脳は、どんどんやろうのドリスと、アナリストのアレックスの行動の起点だというのは察しがつくと思う。いっぽう感情に関わる右脳は、和気あいあいのアイダと、フィーリングのフレディのホームグラウンドだ。

脳には、私たちがどうふるまうかに影響をおよぼすものが、まだある。それは、「感情の中枢」「思考の中枢」「運動の中枢」をつなぐネットワークシステムだ。

これは、神経科学者ケリー・ランバートの研究でわかったことだ。「感情」「思考」「動作」は、このネットワークをとおして結びつき、互いに影響し合っているという。

私は、4つのコミュニケーションスタイルは、この3つの中枢のいずれかが発生源になっていると考えている。

つまり、コミュニケーションスタイルは、「感情」「思考」「動作」を制御する領域のいずれかを起点としている。この3つの領域は互いに影響し合っているが、起点となるのはそのうちの1つだ。

・アナリストのアレックスの起点は「思考」だ。アレックスは、状況を分析することからはじめる。状況を理解してはじめて正しい行動がとれる。それがよい結果につながると

彼は満足する

・和気あいあいのアイダと、フィーリングのフレディの起点は「感情」だ。この2人は、まず気持ちよく取り組むための土台をつくってから行動する。そして終わってから「楽しかった。うまくいった」と考える

・どんどんやろうのドリスの起点は「動作」だ。ドリスは、何より物事が前に進むことを望んでいる。前に進めば、いい気分になる。そして「まあ、少なくとも何かしら進展があった」と考える

この3つの起点が、それぞれのふるまいや、優先するものにつながる。あなたが以前に癪に障った人とまた接する場合、苦手な気持ちを抑えて、相手の脳ではどの領域が活性化しているか注意を払おう。

ジル・ボルト・テイラーは、左脳と右脳のバランスをとることが大切だと述べている。「右脳と左脳、どちらの性格も育んで、両方の機能と特性をうまく使っている人もいます。この場合、日常的に右脳と左脳が助け合い、影響し合い、互いの力を加減し合っています。

いっぽう、思考がどちらかに偏った人もいます。つまり、考えがひどく凝り固まっていて、いつもあら探しばかりしている（左脳が極端に優位になっている）か、現実を見ないで空想にふけってばかりいる（右脳が極端に優位になっている）人です。

2つの脳のバランスがうまくとれれば、変化に柔軟に対処できる認知機能（右脳）を保ちながら、現実を見すえた具体的な行動をとる（左脳）ことができるでしょう」

「相手を理解するには、まずその人の靴を履いて1マイル歩かなければならない」という諺を思い出してほしい。私は、その考えをさらに広げて、このように言いたい。**「相手を理解するには、まずその人の脳の構造に踏み込まなければならない」**

相手が脳の神経システムをとおして体験しているように世の中をとらえ、相手の脳でいちばん活発に働いている部位をとおして世の中を見てこそ、相手の立場に立てる。

そうすれば、真に心の通じ合う、すばらしい関係が築けるに違いない。

7章で手に入れたツール

左脳と右脳の両方、つまり脳全体を使ってコミュニケーションをとる

・論理的な思考は「左脳」で、感情は「右脳」で

・相手が左右どちらのタイプか、その人が何を最も重視しているかを特定する

その人が望むような接し方をする

・どんどんやろうのドリスが求めるのは、早くゴールにたどり着くことだ。雑談は避けて、すぐに本題に入ろう

・和気あいあいのアイダも、物事を速く進めたがるが、何より感情豊かな交流を求めている。雑談は、その場の雰囲気が和むので大歓迎だ。何より人間関係を重視しよう

・フィーリングのフレディには、発言にじっくり耳を傾けて寄り添ってあげよう。状況をひとつひとつ丁寧に説明しよう。そうすれば、フレディは安心し、すべてを理解する

・アナリストのアレックスには、なぜそうなるのかを説明して、その論拠を示そう。また、アレックスは細部まで徹底的に理解したいので、いろいろ質問されても面倒がらずに答えよう

8章に進む前に

どのコミュニケーションスタイルが、あなたにいちばん近いだろうか？

あなたは、4つのうちどのスタイルがコミュニケーションをとりづらいと感じるだろうか？　そのスタイルの相手に、いつもどのように接しているだろう？　何か改善すべき点はあるだろうか？

職場で、4つのコミュニケーションスタイルのいずれか（あるいは複数）を際立たせたら、よい影響があるだろうか？　私生活ではどうだろう？　それはどのスタイルだろう？　どんな影響があるだろうか？

8章

フィーリング・グッド

ごく自然な「やさしさ」が根づく

自分の気分がいいときは、人と気持ちよくつき合える。また、その相手に好意的に対応できる。その人のことを十分に理解し、配慮することができる。もし相手が何か問題を抱えていれば、ごく自然に相手の身になって考えることができる。

どうしてだろう？　双方にとって好ましい交流となるように自分にできることは、まだあるだろうか？

そこで、この章では、私たちに行動をうながす3つの強力な動機づけのシステムについて解説する。このシステムを知ることで、たくさんの気づきがあるはずだ。

前に少し触れたが、この3種類の動機づけシステムのモデルを考案したのが、臨床心理学者のポール・ギルバートだ。脳には、いってみれば、行動をうながすオペレーションシステム（OS）が、3つインストールされている。そして、そのときの状況や、それをどうとらえるかによって、そのうちの1つが行動をうながすという。

生存本能が「とる態度」を決めている

目の前に危険が迫ると、脳の「**脅威システム**」が起動する。現実であれ、想像であれ、私たちが危機に直面すると、あるいはその可能性があるだけでも、たちまちこのシステムがオンになる。すると瞬時に、私たちは行動をうながされる。その行動とは、「凍結《フリーズ》」「逃走《フライト》」「闘争《ファイト》」のいずれかだ。

人類の祖先がサバンナで暮らしていた頃は、食料がなくなると狩りをしなければならなかった。こうしたときは、「**前進システム**」が起動した。それにより、資源を探す行動がうながされた。つまり前進システムは、空腹を満たすために獲物を捕まえるなど、何か目的があるときに起動する。

差し迫った危険はなく、不足しているものもないときは、のんびりくつろいでいられる。こんなときは、「**鎮静システム**《スージング》」が起動。鎮静システムは、心が落ち着いてリラックスするとスイッチが入る。このシステムが活発に働いているとき、私たちは自分をいたわり、他者にも気を配る。

私たちの思考や感情、行動は、この3つのシステムの影響を受けている。つまり、そのときに起動しているシステムにもとづいて、状況を判断する。それを意識すれば、ごく自然に自分をいたわり、よい人間関係を築くことが容易になるだろう。

この3つのOSは、気の遠くなるほど長い歴史のなかで、私たち人類の祖先に、たとえ過酷な状況にあっても生きようとする意欲を与えてきた。これらの動機づけのシステムは、そのときの状況に応じた思考や感情、行動をうながすので、**どのシステムが起動しているかで他者への接し方も変わってくる**。

また、この3つのシステムの力はきわめて強力だ。なぜなら、長い進化の過程で、人類の命を無数に救ってきたからだ。だから、私たちはこのシステムの働きを真剣にとらえ、畏敬の念を持つ必要がある。

そして、自分が扱っているのは生存本能であることを肝に銘じるべきだ。

この3つのシステムのメカニズムをよく理解すれば、自分のふるまいをとおして、自分や相手のシステムのいずれかを起動させられるようになる。自分をいたわり、相手に好意的にふるまうか、それとも相手を警戒し、たちまち攻撃に出るかは、そのときに起動するシステム次第だ。

心理学者のクリスティーナ・アンデションとソフィア・ヴィオッティは、著書『コンパッション・フォーカスト・セラピー Compassionfokuserad terapi』（未邦訳）のなかで、この3つのシステムに言及している。そして、自分も他者も慈しむトレーニングをすれば、鎮静システムが優位になると説いている。鎮静システムは、心身の回復や、エネルギーの補給をうながしてくれる。

2人の著者は、この3つのシステムをそれぞれ色で表している。いわば、頭のなかのカラー・パレットだ。前進システムは「青」、脅威システムは「赤」、鎮静システムは「緑」だ。

「前進」モード――目的を果たすことで頭がいっぱい

前進システムは、いってみれば目的を果たすようにうながすシステムだ。

人類の祖先は命がけで狩りに出て、獲物をしとめることのみに集中した。危険がいっぱいのサバンナに出かけて食料を調達しようとしたのは、このシステムがそうさせていたからだ。

青のシステム「前進」

心の状態——好奇心や関心、熱意を抱く
思考——目的を果たすことしか考えられない
ふるまい——探究する、積極的になる、夢中になる、やる気に満ちあふれる、落ち着きがなくなる
情報を伝える化学物質——ドーパミン

青のシステムは、私たちに目的を果たすための忍耐力を与え、報酬を期待させる。

このシステムが活発になると、報酬に関わるホルモンのドーパミンが放出されて、脳の細胞に取り込まれる。それによって、「活発に、積極的に、てきぱき行動しろ」という指令が伝わる。これが感情や思考、行動に大きく影響する。

前進システムが活発に働いていると、私たちは興味や関心、熱意を抱く。何かに夢中になり、わくわくする。活動的になり、好奇心にあふれ、熱中し、意欲に満ち、物事が思いどおりに進まないときは落ち着きを失う。

頭のなかは目的を果たすことでいっぱいで、それ以外のことはあまり気にかけなくなる。

「脅威」モード――圧倒的に速く反応し、結論を下す

脅威システムは、私たちが危険に遭遇すると、それが現実であれ、想像であれ、あるいは危険かもしれないと思うだけでも、たちまち起動する。

現実の世界をどうとらえるかは、あくまでも主観的な解釈に過ぎない。その解釈は、自分がかけている目に見えないメガネによってコントロールされている。そのメガネをとおして、私たちは世の中を見ている。

このメガネは、赤のシステムが活性化していると、危険や問題点をすばやくズームする。その見え方によって、世の中に対する独自のイメージがつくられる。このイメージが「現実」として内面に取り込まれ、蓄えられていく。

このような主観的なイメージによる危険、あるいは潜在的な危険、想像上の危険に直面すると、脅威システムがたちまち起動する。

脅威システムの反応は、圧倒的に速い。

人類の祖先がサバンナで暮らしていた頃は、茂みでかすかに音がしただけでも、身を守

るために逃げていた。お腹を空かせたライオンが茂みに潜んで自分を狙っているかもしれない。でも、ほとんどの場合は小鳥がはばたいただけ、というように、まったく危険はなかった。

しかし、この脅威システムは絶対にリスクは冒さない。ほんのちょっとでも危険の可能性があれば、正義のヒーローのように瞬時に現れる。太古の時代には、どれだけ人類の命を救ってきただろう。つまり、このシステムは、人類の最高のサバイバルツールなのだ。

この脅威システムが一瞬にして起動すると、ストレスホルモンのコルチゾールも瞬時に放出され、脳細胞に取り込まれる。続いてアドレナリンとノルアドレナリンも放出される。それにより、私たちは考える間もなく、電光石火のスピードで行動する。じっくり筋道を立てて考えている暇はない。考えるのは安全を確保してからだ。

このとき、私たちは恐怖心を抱いたり、腹を立てたり、不安を感じたりする。罪悪感や羞恥心を抱くこともある。

こういうときは、瞬時に結論を下す、つまり安全を確保して潜在的な脅威から逃れよう、と決めなければならない。

何度もいうが、このシステムは想像上の危険と、実際の危険を区別しない。たとえるなら、消防署で警報が鳴ったときみたいなものだ。誤報だとしても、絶対に安全だとわかる

赤のシステム「脅威」

心の状態――――恐れ、怒り、罪悪感、羞恥心
思　　考――――あとで悔やむより、安全を最優先に行動するほうが重要。視野が狭くなり、目の前の脅威のことしか考えられない。迅速に決断する
ふるまい――――怒る。避ける。諦める
情報を伝える化学物質――コルチゾール、（ノル）アドレナリン

まで、消防団は真剣に対応する。脳の脅威システムもこれと同じで、何よりも安全を最優先にする。

脅威システムが活発に働いているとき、私たちの行動は「凍結」「逃走」「闘争」のいずれかになる。つまり、ワニのふるまいだ。

「鎮静」モード――自然に親切ができる

私たちが充足感を覚えたり、ゆったりくつろいだり、楽しんだりしているときは、鎮静システムが起動する。意識は「いまここ」にあり、日々体験する「いいこと」に対して感謝の気持ちが湧く。

前進システムや、脅威システムが起動しているときは視野が狭くなるが、鎮静システムがオンのときは、さまざまなことに気づきやすくなる。草原に美しい花が咲いていれば、それに気づいて、かぐわしい香りを満喫する。

緑のシステム「鎮静」

心の状態――幸福感、満足感、安心感、平穏
思考――偏見がない。視野が広がる。物事をじっくり考える
ふるまい――友好的になる。他者を思いやる
情報を伝える化学物質――オキシトシン

ほかの2つのシステムが起動していたら、そんな風景には目もくれず、ただ通り過ぎるだけだろう。

意識がオープンになって視野が広がると、物事を深く考えたり、内省したりする余裕が生まれる。そして自分の状況や、他者の考え、意見が素直に受け入れられる。

このシステムが起動すると、平穏と安らぎのホルモンオキシトシンが放出され、心地よい気分になり、安心感に包まれる。心が満たされ、穏やかで幸せな気持ちになる。

こんなとき、私たちはごく自然にまわりの人にやさしくなる。何の見返りも期待しないで、率先して親切にふるまい、笑顔を見せる。あとでお返しされるのは確かにありがたいが、そんなものは求めない。

鎮静システムが活発に働いているとき、私たちはごく自然に他者や自分を大切にできる。放出されたオキシト

シンによって、友好的な行動がうながされるためだ。

サバンナで「生き残る」ために反応している

3つのシステムは、それぞれ異なる生存のタスクを果たそうとしている。

人類の祖先の時代、青の前進システムは、たとえ狩りが過酷でも諦めないで、食料を手に入れるようにうながしていた。

たとえばレイヨウを追いかけているときは、レイヨウしか目に入らない。途中で立ちどまって美しい花の香りを嗅いでいたら、たちまちレイヨウを見失ってしまう。

いっぽう脅威システムは、ライオンに追いかけられているときに、その威力を発揮した。私たちが迅速に安全な場所に移動できるように、また、常に潜在的な脅威に警戒するようながしてくれた。「生き延びるためなら、いくら行動してもしすぎることはない」が、脅威システムのモットーだ。

この世で安全にまさるものはない。途中で立ちどまって美しい花の香りなんか嗅いでいたら、たちまちライオンに食らいつかれてしまう。

人類の祖先がお腹いっぱい食べて、安全な場所で身体を休め、また活動できるようにエネルギーを充電しているときは、緑の鎮静システムの出番だ。このときこそ足を止めて美しい花の香りを嗅ぎ、サバンナの暮らしを楽しむことができる。

「エネルギー」を補給しないと自己中心的になる

3つのシステムには、それぞれメリットとデメリットがあり、ある状況では助けてくれるものが、別の状況では足を引っぱることもある。

たとえば、**脅威システムや前進システムが起動すると、かたくなで自己中心的な考え方になりやすい。**前進システムは、目的を果たすための行動をうながすのは得意だが、他者の立場に立ったり、自分の心の声を聞いたりするのは不得手だ。これは、鎮静システムの守備範囲だ。

脅威システムがオンになっていると、私たちは恐れや緊張など、マイナスの感情を避けようとする。また、そのとき気が楽になるような意思決定をする。結果的に、相手にそっけなく答えたり、怒りをぶつけたり、逃避的な行動をとったりする。

脅威システムは、私たちを危険から守る力は抜群だが、長期的な視点で意思決定するときは足かせになってしまう。つまり、ただ生き延びるだけでなく、どう生きるかを決めるときだ。このような意思決定も、やはり鎮静システムの得意分野だ。

脅威システムは、たくさんのエネルギーを必要とする。危機に瀕したとき迅速に行動するには、いわばターボチャージャーでエンジンを回す必要がある。長期的には、実際に使えるエネルギーよりも多くのエネルギーを使っている。つまり、あとで利子をつけてそのつけを払うことになる。

私たちは誰でも、ときどき脅威システムのスイッチが入る。これは日常の一部といっていい。だから、緑の鎮静システムの力で回復してエネルギーを充電しないと、身体にダメージがおよぶ。

いっぽう、前進システムが働いて何かに夢中になっているとき、私たちはわくわくする。このシステムも、やはり脅威システムと同じく、たくさんのエネルギーを使う。ゴールをめざして気持ちを高ぶらせ、全力以上のエネルギーを注ぎ込む。食事や睡眠をとるのも忘れて没頭すれば、やはり、あとでそのつけが回ってくる。

エネルギーをあと払いで買ったつけは大きい。目的を早く果たせるのでいいことのように思えても、長期的に見れば決してよくはない。

私たちにエネルギーを与えてくれるのは、鎮静システムだ。このシステムによってエネルギーが補給され、私たちは回復する。

スマホのバッテリーが切れれば、充電のためのコンセントが必要になる。それと同じく、私たちのエネルギーが切れたときも、何か充電できるものを探す必要がある。ただし、それは鎮静システムがオンになっているときにかぎられる。つまり、**エネルギーは鎮静システムをとおしてしか補給できない。**

そのため、私たちが生きていくためには、自分が何によって心地よい気分になり、何によってエネルギーが回復するかを考えなければならない。あなたが目を輝かせるものは何だろう？　あなたの心が喜ぶものは何だろう？　それをやろう。それが、あなたの鎮静システムのスイッチを入れてくれる。

また、頑張りすぎず、できるだけストレスを避け、リラックスできることをしよう。自然からエネルギーを補給する人もいるし、読書で補給する人もいる。運動して補給する人もいる。

あなたをリラックスさせ、心地よい気分にしてくれるものは何だろう？　何か楽しめることをしよう。それが、あなたの鎮静システムの肥料になる。

小さな親切は存在せず、すべて大きい

脅威システムのスイッチが入っているときは、自分の感情がまわりに伝染しやすくなる。そして伝染した人もまた、視野が狭くなって自分のことしか考えられなくなる。こちらを警戒し、「闘争」や「逃走」の態勢を整える。つまりミラーニューロンを介して、こちらの脳で作動しているシステムと同じシステムが、他者の脳でも起動してしまうのだ。

いっぽう、相手を批判的な目で見ることなく素直に受け入れ、好意的に接して、思いやりを示せば、その人の緑のシステムに肥料があげられる。安心感や、やさしさをうながす交流は、すべてこのオアシスの肥料になる。

また、状況や事情をわかりやすく伝えれば、相手は安心する。相手を理解する姿勢を示し、共感の言葉をかけ、親しみを込めた口調で話せば、鎮静システムにたっぷり肥料をあげられる。肥料をたくさん与えるほど、相手の鎮静システムが起動する可能性も高くなる。

心理学療法家のルイス・コゾリーノによれば、**私たちが思いやりを示すと、相手の脳内で幸せホルモンのオキシトシンが放出され、その人は穏やかな気持ちになって安心できる**という。つまり、相手がこちらのカラーパレットの色に染まるのだ。

こちらの鎮静システムがオンになっていたら、相手の鎮静システムもオンになる。相手の気持ちを理解し、やさしく接すれば、相手は安心する。自分を肯定的にとらえてくれていると感じて、心地よい気分になれる。

小さな親切などというものは存在しない。
どの親切も波紋を呼び、終わることなく広がっていく。

スコット・アダムス（アメリカの漫画家、作家）

苛立ちや恐れ、怒りは、安心感が欠如している表れだ。だから、その人が安心できるようにしてあげれば、そうした感情は収まる。**お日さま脳が目覚めるような働きかけをすれば、それが鎮静システムの肥料になる。**

反対に、否定的な声のトーンや、問題の原因ばかりにこだわる言動、ネガティブな意味合いの言葉を使うと、浅い眠りのなかにいる脅威システムがたちまち目を覚ます。

人間関係がストレスになるのは、自分がその集団の一員かどうか常にチェックしているためだ。そして、相手が自分に好意的だと確信するまでは警戒を緩めない。いってみれば、いつも後ろのポケットに、あたかもナイフのように脅威システムを忍ばせて、それに手を近づけながら他者と会っているようなものだ。

だが、鎮静システムに肥料をあげれば、脅威システムは道を譲る。ただし、そうなるまで、かなり時間がかかることもあれば、とても速いこともある。

この点はスピンドルニューロンとよく似ている。スピンドルニューロンも、相手が好意的だとはっきりわかるまでは警戒を解かない。そして**「バリデーション」は、この緑のシステムの最高の肥料になる。**

人は、ありあまるほどの愛を必要としている
マリー・フォン・エーブナー＝エッシェンバッハ（オーストリアの作家）

「やさしさ」という肥料を与えて相手の鎮静システムが起動すると、よい交流のための最高のコンディションが整う。互いに歩み寄り、心を開き、相手の気持ちを考えながらふるまえる。

職場であれ、私生活であれ、人と会うときは互いに円滑な交流を心がけなければならない。特に職場の場合は、仕事にも人間関係にも責任を持つ必要がある。そのため、相手の脳でどのシステムが起動しているか、特に注意を払ってほしい。会話中、あるいは会議中

は、「いま、この人の脳では、どのシステムがオンになっているだろう」と目を光らせ、その都度対応を調整してほしい。

青の前進システムが起動していたら、その人は意欲がみなぎった状態にある。意見が合わなければ、トラブルになるかもしれない。

そんなときは親しみを込めた口調で語りかけ、心を開いて発言に耳を傾けながら共感を示そう。それが緑の鎮静システムの肥料になる。**人が他人の話を本気で聞こうとするのは、緑のシステムがオンになっているときだけ**だ。この状態のときは、別のとらえ方を素直に受け入れ、広い視野で物事が考えられる。

心理学者のポール・ギルバートによると、それぞれのシステムは完全に独立して機能しているという。つまり、私たちが満たされた状態にあるとき、脅威システムはアイドリング状態にあるわけではない。**まったく作動していない**のだ。

私たちは「一生」変化している

この3つのシステムは誰にでも備わっているが、それぞれのサイズは人によって違う。青のシステムがXLの人もいれば、緑のシステムがLの人もいる。また、脅威システムが

LLの人もいる。こうしたサイズは、その人の性格や、それまでの経験にも関係している。私たちは、一生をとおして変化する。なぜなら、環境からたくさんの影響を受けるからだ。その影響は、とりわけ子どもの頃に強くおよぶ。子ども時代のほとんどは、この世界でどうふるまえば生き延びられるかを学ぶことに費やされる。

子ども時代が安全で安心できるものなら、緑の鎮静システムがしっかり育つだろう。逆に薬物依存や精神疾患、貧困、暴力の影響を受けるような環境で育った場合は、赤の脅威システムが強くなるかもしれない。

成果を重視するような環境で育てられると、青の前進システムが強くなる。また、緑のシステムが小さい場合、それを補うために青のシステムが強くなることもある。

けなされて育つと、子どもは、人をけなすようになる。
とげとげした家庭で育つと、子どもは、乱暴になる。
子どもを馬鹿にすると、引っ込みじあんな子になる。
叱りつけてばかりいると、子どもは「自分は悪い子なんだ」と思ってしまう。
励ましてあげれば、子どもは、自信を持つようになる。
広い心で接すれば、キレる子にはならない。

誉めてあげれば、子どもは、明るい子に育つ。

子どもに公平であれば、子どもは、正義感のある子に育つ。

やさしく、思いやりをもって育てれば、子どもは、やさしい子に育つ。

守ってあげれば、子どもは、強い子に育つ。

和気あいあいとした家庭で育てば、子どもは、この世の中はいいところだと思えるようになる。

ドロシー・ロー・ノルト／レイチャル・ハリス著
『子どもが育つ魔法の言葉』〔石井千春訳、PHP研究所、1999年〕の詩より抜粋

緑のオアシスがとても小さいと、私たちは赤の脅威システムか、青の前進システムで人生に対処しようとする。

同じ親から生まれたきょうだいでも、まるきり正反対の人生を歩んできたような人たちがいる。たとえば、1人は社会的に高い地位につき、まわりから尊敬されているのに、もう1人は不遇な境遇におちいっている、というように。キャリアの階段をのぼりつめた人は、意識しているかどうかは別として、おもに前進システムによって生きている。また、薬物依存の人は、たぶん脅威システムで過ごしていることが多いだろう。

人と会っているときは、その人の脳で起動している動機づけのシステムと会っているのだ。どのシステムかわかれば、それがヒントになり、より円滑なコミュニケーションがはかれるだろう。

心の中にもっと「緑色」を増やす

あなたの頭のなかのカラーパレットは、どうなっているだろうか？　3つの色の割合は、それぞれどのくらいだろう？　トータルを100％として、それぞれの色は何パーセントだろう？

人間は常に成長しているので、パレットの色の比率も変わりつづけている。辛い時期には、赤の割合が増えるだろう。心が満ち足りた穏やかな時期なら、緑が増える。何かに駆り立てられているとき、たとえば趣味に没頭したり、やるべき課題に取り組んでいると、青が増えるだろう。

自分のカラーパレットがどうなっているか、ぜひ知ってほしい。3つのうちどのシステムが起動しやすいか、よくわかるはずだ。面積が広いほど、その色のシステムが起動しやすくなる。

青のシステムがすぐにフル稼働する人は、変化に不安を覚える人のことをあまり理解できないかもしれない。また、赤のシステムがたちまち起動して防御態勢をうながすような人は、いらいらしたり、腹を立てたり、引きこもったりしやすく、変化を簡単に受け入れられないかもしれない。

私たちはみんな、緑の面積をもっと増やさなければいけない。私たちは、この緑のオアシスでエネルギーを補給し、活気を取り戻し、喜びに胸を躍らせることができる。では、どうすれば緑の割合をもっと増やせるだろう？

目標など忘れて、もっと「休憩」に没頭していい

人生には重要な課題が1つある。もしかしたら、いちばん重要な課題かもしれない。それは、自分のオアシスを緑豊かにすること、つまり**鎮静システムを大きく育てる**ことだ。

精神疾患が増えているという報道はよく見聞きするし、仕事の仲間や身内にも、そうした問題を抱えている人がいるかもしれない。ひょっとしたらあなた自身、燃えつきる寸前かもしれない。緑のオアシスが、ほかの2つのシステムに比べて極端に小さくなると、精

神疾患を発症してしまう。

サバンナの野生動物が、朝から晩まで右往左往しているところなんて想像できるだろうか？　「さあ、食べ物を狩るために走らなくちゃ。さあ、食べられないように走らなくちゃ。食べ物を狩るために走らなくちゃ。食べられないように走らなくちゃ。食べ物を狩るために……食べられないように……」

動物たちは、こんなふうに休みなしにずっと走りまわっているだろうか？　もし、そんな動物がいたら、とても奇妙に見えるだろう。

でも、いまの成果主義の社会に生きる私たちの姿が、まさにこれではないだろうか。誰もが職場や学校、私生活で、常にゴールをめざして走りつづけている。

あなたのゴールは何だろう？　いま、あなたはどのあたりにいるだろう？　ゴールまで、まだたどり着けていない？　たどり着いたら、次はどんなゴールをめざす？

道の途中で、私たちは常に危険を警戒するだろう。疲れて家に帰ったとたんソファに倒れ込み、そのまま寝入ってしまうこともある。**もちろん、ゴールをかかげたっていい。でも、途中で緑のオアシスに立ち寄ってひと休みする時間はとらないといけない。**しばらくのあいだゴールのことは考えず、心と身体を休めてエネルギーを満タンにしなければいけない。

ところが、ゴールにたどり着いても、私たちはすぐに次のゴールをめざしてまた走りだす。鎮静システムのオアシスに立ち寄って休憩し、しばし心を満たすことを忘れてしまうのだ。

緑の鎮静システムには、身体を治癒する働きがある。ただし、これは危険にさらされていない、あるいはゴールをめざして頑張らなくてもいいときしか機能しない。

私の元同僚で、教師を45年間務めた女性がいる。彼女は、ほぼ半世紀のあいだに学校や子どもたちの状況が変わっていく様子を見てきた。「いつも目標をかかげて、そのために頑張りつづけるのが本当にいいことでしょうか。昔は、ただやるべきことをやるだけでよかったのに」。彼女は、自分で思う以上に正しいことを言っていると私は思う。

人類は、ある分野ではとても優秀だ。月まで行けるし、最先端のテクノロジーでいろいろなことが解決できる。その反面、賢くバランスのとれた方法で自分をいたわるのはとても苦手だ。

ストレスをためないよう、意識的に歩みを止めて、自分の鎮静システムに肥料をやろう。また、私たちは人間の「生物学的な限界」に配慮した社会を築かなければならない。

私たちは機械ではない。西欧社会は、最新技術の機械を次々に生みだすのは得意でも、私たち人間が無理な生き方を強いられていることにはお構いなしだ。**本来、私たちはサバンナでのんびり寝そべって、日光を浴びたり、日陰で休んだりしなければならない生き物だ。野生動物と同じだ。ひたすら狩りをしつづけるなどできない。ひたすらライオンから逃げつづけることもできない。それは言うまでもないことだ。**

まずは「自分」をケアする②
――あなたの状態があらゆることに作用する

飛行機に乗っているときに危険が発生したら、まず自分に酸素マスクをつけて、それから子どもたちを助けるのが賢明な行動だ。機内にいるときはそれが当たり前で、私たちは搭乗するたびに、これを聞かされる。

これは人生にもいえることで、私たちはそのために訓練しておく必要がある。**ようするに自分が動揺していたら、ほかの人を助けられるわけがない。**それどころか、誰かに助けてもらわなければならないだろう。

つまり、自分にエネルギーを与えてくれるものが何かを考えなければならない。あなたの身体や心に栄養を与えてくれるものは何だろう？　あなたの目を輝かせてくれるものは？　あなたの心を躍らせてくれるものは？　それをもっとやろう。

あなたの目を曇らせるものや、あなたの心を押さえつけるものからは離れよう。そういったものは、あなたのオアシスの成長を妨げる雑草だ。

鎮静システムを緑豊かにするための具体的な方法は、次のボーナス・チャプターで述べる。

ごく自然に「やさしさ」が芽生える

なぜコミュニケーションの本で、3つの動機づけのシステムについて語る必要があったのか？　それは、コミュニケーションがうまくなるには、大きな緑のオアシスが必要だからだ。

いまだけでなく、今後もずっと最高のコミュニケーションをとるためには、大きな緑のオアシスが欠かせない。**緑のシステムが起動しているとき、私たちはごく自然にやさしさが芽生え、人の身になって考えることができる。**そして相手の話に耳を傾け、共感し、理解を示し、思いやることができる。

他者とよりよい交流をするためには、まず自分を思いやり、いたわらなければならない。

頭のなかの批評家を追い出して、ありのままの自分を温かく受け入れれば、それが緑のオアシスの肥料になる。

いつも人に温かく、快活に接する人こそ、本物のコミュニケーションのヒーローだ。温かい言葉をかけてもらったり、思いやりの気持ちを示してもらったりすることは、人間にとってこの上なく重要だ。

緑のシステムは、私たちがぞんざいに扱えば、臍《へそ》を曲げてしまう。でも大切に扱えば、活力と温かさをくれるだろう。

あなたはコミュニケーションのヒーローだ。あなたには、出会う人を変える力がある。自分をいたわろう。そして、心のオアシスを緑豊かに育もう。

8章で手に入れたツール

▼相手の鎮静システムに肥料を与える

・友好的に接し、気持ちに共感し、「バリデーション」を心がければ、相手の鎮静システムが起動する

・明快さを心がけよう。わかりやすさが相手を安心させ、鎮静システムをオンにする
・お日さま脳を目覚めさせるものも、緑の鎮静システムの肥料になる。5、6章をもう一度読んでほしい
・あなたの目が輝き、心が躍ることをしよう。そうすれば、あなたの心のオアシスが緑豊かに育つ

次に進む前に

あなたの脳内のカラーパレットはどんな感じだろう？　３つの動機づけのシステムの割合は、それぞれどのくらいだろうか？

あなたの鎮静システムに肥料を与えるには、もっと何をすべきだろうか？

あなたの鎮静システムの成長を妨げないためには、何を減らすべきだろうか？

ボーナス
チャプター

自分の「トゲ」を抜く

緑の鎮静システムを強化するには、自分の気分がよくなって、エネルギーを補給できるものを特定し、それをもっと行わなければならない。

逆に、自分がストレスを感じ、エネルギーを奪われてしまうものは何かを考え、その行動を減らす必要もある。

鎮静システムは癒しのシステムなので、このシステムの恩恵を受けるには、自分の気分をよくするものや、苦痛を感じるものを特定し、それに対処することが大事だ。ストレスは鎮静システムからパワーを奪い、ほかのシステムを起動させる。

そこで、ストレスに対して、これまでとは違った方法で対処するためのヒントを紹介したい。

ストレスチューブに「空き」をつくる

ストレスが長びくと、私たちの頭はちょっと鈍くなる。これは文字どおりの意味だ。ストレスを感じたり、脳が扱いきれないほどの負担を抱えたりすると、1章で述べたとおり省エネモードのスイッチが入る。

そうなると、論理的な思考をつかさどる部位が不活発になる。つまり、ヒト脳の活動が低下する。

とはいえ、私たちは毎日ストレスにさらされていても、ある程度は耐えられる。すっかり打ちのめされて思考が停止するようなことは、そう簡単には起こらない。このストレスに耐えられる心の余地を「**ストレスチューブ**」と呼ぶことにしよう。

厄介事に直面しても、あまり負担を感じない日がある。それは、ストレスチューブの余地がたくさんあるからだ。

ちょっと想像してほしい。5月のある晴れた日、あなたはぐっすり眠れたので体調は万全だ。何もかもが快調で、忍耐力も十分にある。このとき、ストレスチューブには、空きがたっぷりある。

別の日、あなたは忍耐力が尽き、強いストレスを感じている。ストレスチューブには、肉体的なストレスもたまる。たぶん、ぐっすり眠れなかったのだろう。あるいは、何か病気に感染したのかもしれない。こうした肉体的なストレスが、ストレスチューブの空きを埋める。

また、朝、子どもやパートナーと喧嘩をしたら、職場に着く前からすでにストレスチューブの空きはいくらか減っているだろう。

「外」からくるストレス、「内」で生まれるストレス

ストレスのタイプは、2つある。外から来るストレスと、内面で生まれるストレスだ。

外からのストレスは、「周囲からの要求」によって生じる。たとえば、期日までに仕事を仕上げなければならないとか、仕事が追加されても期日は延ばしてもらえない、といったことだ。つまり、「環境」がストレスの要因だ。

いっぽう内からのストレスは、私たちが外の世界を解釈するとき、それが意識的な解釈であれ、無意識になされた解釈であれ、心の負担になったときに生じる。つまりストレスは「顕在意識」の思考だけでなく「潜在意識」からも生まれる。この「潜在意識」のシステムは、「顕在意識」よりも強力だ。

私たちは、日々出会う物事を、この2つの意識をとおして解釈している。こうした解釈は瞬時になされ、私たちはその解釈をもとに、そのときどきの状況に対処する。

潜在意識の大部分は、脳が未発達な子ども時代に形成される。たとえば、子どもの頃にとても怖い先生がいて、その先生がよく赤い上着を着ていたら、赤い上着を見るたびに潜在意識が反応し、嫌な気持ちになるかもしれない。

このような独自の解釈が、ストレスのもとになる。たとえば、あなたが夕食に何人か客を招待するとしよう。あなたは、客が到着する前に何もかも整えておきたいと思う。

これは、なかなかの難題だ。料理は時間どおり出せるように下準備が必要だし、味にもこだわりたい。部屋は、きちんと片づけて掃除をしておかなければならない。自分の身だしなみも整えなくては。

この「完璧にしなくてはだめだ」という自分自身への要求が、内的なストレスを生む。これとはまったく違う対応をする人もいるだろう。料理は招待客が到着してから少し手伝ってもらう。部屋が多少散らかっていたり、ほこりがたまっていたりしても気にしない。同じ状況でも、この人の内面で生まれるストレスは、ずっと少ないはずだ。

あなたのストレスチューブには、この、外からのストレスと、内からのストレスが詰まっている。ストレスの程度は、ありのままの現実に加え、あなた独自の解釈にもとづいた対応で決まるのだ。

自分の外側の状況に影響をおよぼすことは可能だし、起きていることにどう関わるかも、たいていは選べる。ただ、言うのは簡単でも実行するのは難しい。人間は習慣の生き物だ。頭のなかでは、たいてい昨日と同じ思考が自動的に繰り返される。

新しい考え方をするというのは、新しい思考の水路を掘るようなものだ。新しい水路を掘って新しい流れをつくるには、かなりの労力が要る。でも、ひとたび水路を掘れば、それまでとは違う自動的な思考の流れができる。

つまり、**私たちには、たとえそうは思えなくても、必ず選択の余地があって、起きていることに対するアプローチを自由に選ぶことができる**のだ。自分を状況の被害者だと考えることもできるし、自分にはどうふるまうか決める力があると考えることもできる。

私たち人間には、自分の内面をコントロールする力が備わっている。これは、西暦55年頃に生まれた哲学者のエピクテトスの考えだ。つまり、**悩みの原因は「出来事」ではなく、「出来事の解釈の仕方」だ**。エピクテトスによると、「物事そのものではなく、物事のとらえ方」が不安を生むという。

外からのストレスと内からのストレスが相まって、その状況が自分にとってどういうものかが決まる。たとえば、外から見ると何の悩みもないように見える人が、実際には大きなストレスを抱えていることもある。また、かなり不当な扱いを受けているはずなのに、それほどストレスを感じていない人もいる。

外からのストレスを減らす

外からのストレスは、状況を見直すことで、ある程度は対処できる。

あなたは毎日の生活のなかで、何か負担に感じていることはないだろうか？　その負担を減らすために、変えられることはないだろうか？

何かのために時間を使いすぎて、そのしわ寄せで別のことが負担になっていないだろうか？　時間も労力も減らせる賢明な方法はないだろうか？　あなたがいましていることは、本当に必要だろうか？　それを決めたのは誰だろうか？

もちろん、あなたは外からのストレスにどう対処すべきか考えているはずだ。人間は一人ひとり違うので、自分に合ったやり方を選ばなければならない。

外からのストレスを減らす方法として、次に挙げる３つを参考にしてほしい。

■結果は変えず、「労力」だけ減らすには？

リーン思考という考え方がある。

「リーン」とは、トヨタ自動車がはじめた生産方式で、製造工程の無駄を省くことを意味する。

基本原理は、「高い品質を保持しながら効率よく自動車を製造する」ことだ。とはいえ、それで従業員の負担が増えてもいけない。新しい生産方式は、従業員にとっても、生産面でも、プラスでなければいけない。

つまり「リーン」とは、**少ない労力で多くを得る方法**だ。

リーン生産方式は、私たちの普段の生活にも応用できる。私がやっていることを例にとろう。これは、簡単ながらとても効率がよく、毎日ずいぶん楽をさせてもらっている。食器洗浄器を空にするのは、私がうんざりする家事の1つだ。もちろん食器洗浄器は、もう手放せないほど重宝している。

そんな私が引っ越しをするたびに、やっていることがある。食器の荷をほどいて収納する前に、必ず食器洗浄器の前に立つのだ。そして、その位置から一歩も踏みださないで手が届く棚を見きわめる。棚が決まったら、日常使いの食器はすべて、そこに収納する。

こうすれば、食器洗浄器から食器を出すときに一歩も動かず、すぐにしまえる。結果は同じでも、このほうがずっと労力が少なくて済む。まさに、工程の無駄を省いた「リーン」方式だ。

あなたも、もっと無駄を省けるものがないだろうか？　いいかえるなら、もっと効率よく資源を使えないだろうか？　労力を減らして同じ結果を得る方法はないだろうか？

たとえば、あなたは、メールが送られてくるたびに返信するだろうか？　それとも、ある程度ためてから、まとめて返信するだろうか?

日々のさまざまな状況で自問しよう。「もっと楽な方法で、同じ結果を得られないだろうか?」。負担が多くてストレスになるのは賢い働き方とはいえない。負担は軽くしなければいけない。私たちの作業工程は、たくさんの時間を無駄にしている。よく見直せば、その無駄が見えてくるはずだ。

無駄を省くもう1つの方法は、**時間を振り分ける**ことだ。これは、さまざまな業務で行える。たとえば、メールの時間を決めて、その時間にまとめて送信や返信をする。ミーティング専用の日をもうける。事務仕事のための時間を決める、などだ。

時間を振り分けると、コントロールしているという感覚が生まれ、やることがたくさんあっても気持ちに余裕ができる。コントロールしている感覚があると、ストレスも和らぐ。あなたは、どのように時間を振り分けられるだろうか?

マルチタスクは「効率」がわるい

仕事を分類すると、時間を賢く節約できる。だが、複数の作業を並行して行うとエネルギーを消耗するし、効率もよくない。それに、ひとつひとつの作業を把握しづらくなる。

結果的に、余計に時間がかかり、注意力も散漫になる。

研究によれば、このようなマルチタスクは前頭前皮質、つまりヒト脳の活動を低下させるという。そうなると感情をコントロールする力が弱まり、言動が軽率になりやすい。

マルチタスクは脳のワーキングメモリ、つまり必要な情報を一時的に記憶する機能にも負担をかけてしまう。ワーキングメモリの負担は、ストレスに直結する。

そのため、ワーキングメモリが楽になるように、仕事を分けよう。分け方はいろいろある。あなたは、もう何かしら工夫しているかもしれない。私がやっているのは、全タスクを4つのグループに仕分ける、というものだ。グループにはどれもDではじまる名前をつけている。

1. Do（実行する）
やるべきこと。たとえば「今日」「明日」「今週中」というふうに分ける。ワーキングメモリを使わないで済むように、すべて「ToDoリスト」として書きだす。

2. Delegate（任せる）
人に任せるもの。もう一度「ToDoリスト」に目をとおして、誰かに任せられることがないか検討しよう。もっと人を頼ろう。

3．Ｄｅｖｅｌｏｐ（考えを練る）

構想や計画など、じっくり考える必要のあることをリストにする。普段からそのリストに目をとおして、ほかの誰かの知恵が借りられないか検討しよう。考えがまとまったら、それを「Ｄｏ」のグループに移そう。別の人に任せられるなら「Ｄｅｌｅｇａｔｅ」のグループに移す。

4．Ｄｅｌｅｔｅ（削除する）

タスクをリストから削除する。そのタスクを行うのは、あなたの役目ではないかもしれないし、目標を達成するのに役立たない不要な作業かもしれない。もう完了したタスクかもしれないし、ほかの誰かがやっているかもしれない。

もしかしたら、単に習慣からやっているのかもしれない……。ときには自分のやっていることに疑問を持ち、削除できるものがないか探してみよう。

自分への「厳しさ」を少しゆるめてもいい

やるべきことがありすぎて手に余るのであれば、いまの状況を変えるべきかもしれない。

自分の役目だからといって、無理して何もかも背負う必要はない。人間はみんな違うし、それぞれの得意分野も違う。あなたが時間と労力をたくさん使う仕事でも、手際よくさっと片づけてしまう人がいるかもしれない。あるいは、別の誰かがやるべき作業を任されていないだろうか？

仕事を抱えすぎているなら、勇気を出して声を上げよう。自分のために立ちあがるべきだ。自分が要求されているのと同様、上司に対しても要求しよう。支援を求めたり、優先事項を変えたりしてもらおう。仕事の量を減らす必要があれば、それを伝えよう。

あなたの限界を知っているのは、あなただけだ。自分の限界について真剣に考えよう。断固主張しよう。最大の敵はあなた自身かもしれない。

もしかしたら、私生活を変える必要があるかもしれない。あなたがつき合う人は、エネルギーをくれるだろうか？　それとも、何もお返しせずエネルギーを奪うだけだろうか？

あなたには、自分のためになる選択をする責任がある。その選択は必ずしも簡単ではないけれど、あなたに必要な選択だ。一緒に暮らしている人がいるなら、その人と家事を平等に分担しているだろうか？　それから、あなたは自分の生活に対して、度を越えた願望を抱いていないだろうか？

私たちは、自分に与えられる以上のものを求めがちだ。度を越えない願望とはどんなものだろう？　休みをとらず仕事をバリバリこなすこと、完璧な家族（それがどんなものであれ）を持つこと、完璧な家を持つこと、理想的な運動習慣、好きなだけ趣味に打ち込める生活――こうしたことが、度を越えない、現実に即した願望といえるだろうか？

きっと違う。たぶん、過度な消費に走らせる広告や、SNSに投稿される画像のせいで、私たちの日常生活のイメージは歪《ゆが》んでしまっている。

私たちは、本物の日常生活のイメージを取り戻すべきだ。非現実的な理想を追い求めるのはやめて、自分が手にしているものに満足しよう。

以前、こんなことを言った人がいる。「欲しいものは全部持っています。もちろん常識的な範囲でね。そりゃあ、お城に住んでみたいとか、そんなことも

外からのストレスのチューブを空にする

1. リーン思考で無駄を省く
2. 仕事を仕分ける
3. 自分の状況を変える

考えます。でも、そういうのは度を越えています」

私たち人類の祖先は食べるために狩りをし、木の実を集め、それ以外の時間はサバンナで寝ころんで、のんびり過ごしていた。人間という生き物は、そうした生活に適したつくりになっている。

ところが、いまの私たちときたら、日々忙しさに追われ、ストレスを山ほど抱え、いつ燃えつきてもおかしくないありさまだ。

そんな日々が、人間の暮らし方といえるだろうか？

内からのストレスを空にする

内からのストレスを減らすには、どうすればいいだろうか？　もしかしたら、あなたはもう何かしら対策をとっているかもしれない。

もちろん人間はみんな違うので、自分に合うやり方がいちばんいいと思う。内からのストレスを中和して、うまく対処するためのヒントをいくつか挙げよう。

■自分を「充電してくれるもの」を見つける

今日、あなたはリラックスするために何をする？　心が安らいで、活力がよみがえる場所はどこだろう？　たいていは自然のなかで過ごしたり、読書したり、運動したり、友人と一緒に過ごしたりするとリフレッシュできる。自分にとって効果的な方法を見つけ、できるだけ頻繁にそれをやろう。

やるべきことが山ほどあって、とてもそんな時間はない、と思うかもしれない。でも、逆の発想をしてみよう。**やるべきことがたくさんあれば、それだけエネルギーも必要になる。だからこそ、エネルギーを満タンにしておかないとだめなのだ。**

自分がスマホだと考えてみよう。あなたのバッテリーが減ってくると、省エネモードがオンになる。そうなると自分を充電しなければならない。

■「マイクロブレイク」をとる

思いのほか効果があるのは、**マイクロブレイク**［数十秒から数分、あるいは10分程度の短い休息のこと］だ。これは、ストレスチューブを空っぽにしてくれる。

たとえば、仕事の手を休めて、深呼吸を3回する。とてもシンプルだが、意外なほど効果がある。ただ呼吸するだけなので手間もかからない。

今度、職場や学校でコーヒーやお茶を飲むときに、3回深呼吸して、その効果を確かめてほしい。息を吐くたび、左右の肩の力を抜こう。3回呼吸するのを習慣にして、仕事の前や休憩時間、昼食から戻ったときにやってみよう。首のあたりの緊張がほぐれてくるはずだ。ぜひ、これを毎日のルーティーンにしてほしい。

とても簡単なのに、得るものは絶大だ。唯一難しいのは、やるのを思い出すことだ。

頭のなかに「励ます言葉」を流す

私たちの頭は、いつも考えごとでいっぱいだ。私たちは、いつも頭のなかで自分と対話している。「〇〇したほうがいいかな？」「馬鹿なこと言っちゃったな」「あれは、なかなか上出来だった」など。

問題は、自分に対してどんな態度をとるか、だ。頭のなかに批評家を住まわせて、口やかましく非難させるだろうか？　それともチアリーダーを住まわせて、応援させるだろうか？

たいていの人は、自分に厳しい目を向けている。その厳しい評価にもとづいて、内なる声が囁く。あなたの内なる声は、どんなことを囁くだろうか？　あなたのことを、何と言うだろうか？　それと同じことを、あなたは親しい友だちに言えるだろうか？

こうした内なる対話で、あなたは自分を励ますこともできるし、逆に辛辣な言葉を囁いてエネルギーを奪うこともできる。内からのストレスを和らげるには、自分を励ましてあげよう。

ほとんどの人は、自分を励ます声を持たない。だが、新しい台本と新しいせりふで、この声をトレーニングできる。いまのあなたの内なる声は、子どもの頃にすり込まれたせりふに過ぎない。だから、そこに新しいせりふを上書きしよう。時間はかかっても、必ずできる。

あなたの内なる声が辛辣なことを言ったら、注意してほしい。**そんなときは自分を応援する言葉を探し、その言葉を内なる声に言わせよう。**それにより、内なる声は新しい台本のせりふを覚えていく。頭のなかの批評家を、アドバイザーやチアリーダーに変えよう。

徹底的にそのトレーニングをしてほしい。

「内なる強さ」を筋肉のように育む

マインドフルネスやメンタルトレーニングは、内からのストレスを和らげる抜群のツールだ。こうしたツールを、ぜひ普段の生活で活用しよう。効果を実感するはずだ。これは1回やって終わり、というものではない。意識して続けることが大切だ。

マインドフルネスもメンタルトレーニングも、ヒト脳を大きく強くできる。筋トレで筋肉を強くできるのと同じで、脳もトレーニングで鍛えられるのだ。

これは誰でもできる。その時間を確保すればいいだけだ。通勤や散歩の時間を利用してもいい。

マインドフルネス――内側を「静観」することで自分が鍛えられる

マインドフルネス、つまり「いまを意識する」ことで、まるで魔法のように気持ちが穏やかになる。

私たちは、過去や将来のことばかり考えがちだ。なぜこんなことになったのかと自問したり、将来どうなるか思い悩んだり――。いまの瞬間だけを意識するというのは、なかなか難しい。でも、いま、この本を読んでいるあなたはラッキーだ。

「いまを意識する」というのは、現在に注意を向け、その状況をあれこれ判断しないで、ありのままに受けとめることだ。そのとき起きていることを何も評価せず、ただ静観する。

こうした時間をもうけると、日常のストレスからほんのいっとき解放されて、心と身体が安らいだ状態になる。この状態は、マインドフルネスをすればするほど鍛えられていく。

心身がストレスを抱えた状態から安らいだ状態になると、「弛緩反応《リラクセーション》」が起きる。これは、ハーバード大学医学部のハーバート・ベンソンが提唱した反応だ。彼は1974年に、この反応が生物学的にも心理的にも好ましい効果をもたらすことを報告している。

また、2013年の研究では、リラクセーション反応が起きると、ミトコンドリア（細胞のエネルギー発電所）などを制御する遺伝子群が活発になることもわかった。リラクセーション反応がミトコンドリアの回復をうながして、細胞の抵抗力を高めるという。

心身が安らいだ時間を過ごすと、体内の細胞すべてが健やかになる。また、ある種の遺伝子による炎症反応が抑えられて、ストレス性の疾患も予防できるという。

「私たちは〝競争〟の合間にもっとリラックスして、ぼんやりと過ごさなければならない」

これは、脳科学者のアグネータ・サンドストロムの言葉だ。私も同感だ。さあ、あなたも、リラーックス！

短いマインドフルネスのエクササイズを紹介しよう。このエクササイズをすると、心も身体も安らいで、リラクセーション反応のスイッチがオンになる。

時間は2〜3分しかかからない。いますぐやって効果を確かめてみよう。

2〜3分でできるマインドフルネス・エクササイズ

1. 楽な姿勢で座って、肩の力を抜く。視線を正面の床に落とし、それから目を軽く、またはしっかり閉じる

2. 意識を呼吸に向ける。鼻から息を吸い込んで、空気が咽喉を通りぬけて肺を満たすのを感じる。呼吸するたびに、息の流れをたどる

3. 何か考えが浮かんでも、そのままにしておく。それについて深く考えようとせず、ただ静観し、呼吸に意識を戻す

4. 思考が次々に浮かんできても、川に流されていく木の葉を見るように、ただながめる。木の葉は近づいては遠のいていくが、それ以外の景色は何も変わらない。思考をつかまえて浸るのではなく、流れるままにしておく

5. 浮かんできた考えに対して何も判断は下さず、通り過ぎるのをただ観察する。それはただの思考であり、あなた自身ではない。あなたは思考以上の存在だ

6. 何度か深呼吸をして、いま座っている部屋にゆっくりと意識を戻す

ストレスを感じているのに、がむしゃらに頑張れば乗りきれると思うのは間違っている。心身は疲れ、脳もしっかり働かないため、十分な能力が発揮できない。

よくある誤解は、多少のストレスがあるほうが、あるいは休憩をとらずに取り組むほうがうまくいく、というものだ。ヒト脳と適切につながっていれば、自分の能力を存分に発揮できる。でも使いすぎると、ヒト脳は能力を発揮できなくなってしまう。

研究では、マインドフルネスのトレーニングを8週間続けると、軽いうつや不安の症状が和らぐことがわかっている。1日わずか7分でも効果があり、ウェルビーイング、つまり心も身体も、また社会的な面でも満足感が増すという。たった7分で、それだけの効果があるのだ。やらない理由はないだろう。

ほんの数分でストレスチューブが空になってヒト脳と再接続できるなんて、こんなにいい時間投資がほかにあるだろうか。

メンタルトレーニング――「達成の瞬間」で全身を満たす

メンタルトレーニングは、内面の強さを養うものだ。つまり、厄介な問題があってもすぐに乗り越えられるし、目標を決めて達成するのに役立つ。

メンタルトレーニングの開拓者としてよく知られるのが、スウェーデンのラーシュ＝エリク・ユネスタールだ。スポーツ界では、トップレベルのパフォーマンスを行うために、このトレーニングを採り入れている人がたくさんいる。

メンタルトレーニングは、うまくいかないことに目を向けるのではなく、うまくいくことや、達成したいことに目を向ける訓練だ。いいイメージを思い描いたり、達成したいことを視覚化したりする。つまり、そうなってほしいと思う理想や、望むとおりの結果、そのときに抱く感情や目に映るものを想像するのだ。


そうしたイメージを思い描くときは、失敗について考えることはできない。つまり一度に1つのことしか考えられない。

たとえば「何もかもうまくいかない」と思うと、体内のあらゆる細胞にシグナルが送られて、実際に何もかも失敗するためのお膳立てができてしまう。逆に、「目標を達成するぞ」と思うとそのシグナルが送られて、目標を達成するためのお膳立てが整う。

イメージを思い描くときは、それがすでに起きたかのように想像しなくてはいけない。あなたは成功した。望みはかなった。それを視覚化しよう。そして感じよう。耳で聞こう。そうすれば、脳は目標を達成するために役立つものを探しはじめる。

たとえば、あなたが車を買うと決めたとしよう。すると、なぜか自分が買うつもりの車種と同じ車をあちこちで見かけるようになる。妊娠したときも同じことが起きる。乳幼児がやたらと目につくようになるはずだ。

同じ車はそこらじゅうを走っているし、乳幼児も身近にいたのに、それまでは意識が向いていなかった。**脳は、そのとき重要なものに注目する。だから、あなたが自分にとって重要なものに意識を向けると、脳はそれを探しはじめる。**

次に挙げるのは、メンタルトレーニングの一例だ。ほんの数分しかかからない。メンタルトレーニングは誰でもできる。あなたも、ぜひやろう。

私は毎日、何かしらのマインドフルネスやメンタルトレーニングをしようと決めている。ストレスの多いときや、重いプレッシャーを抱えているときほど、そのメリットは大きい。

とはいえ最初は、なかなか実行に移せなかった。それを習慣にしなければ、と思った。歯を磨くのを忘れないのと同じように、トレーニングも日課にしてしまえば忘れない。やろうと決めて、それを習慣として定着させるのだ。

ただ、やろうと決めるまでに時間がかかり、それを定着させるのも時間がかかった。でも、途中で諦めないで続けたおかげで、いまはすっかり習慣になっている。

メンタルトレーニング

1. 達成したい目標を選び、達成したときの様子を思い描く。思い描くのはあくまでも自分が望むことだ。望まないことを思い描いてはいけない

2. 深呼吸して気持ちを落ち着かせる。必要なら目を閉じる

3. 目標を達成したとき、どんなことを体験したいだろうか？それを実際に体験している様子をイメージしよう

4. イメージを浮かべ、起きていることをながめる。そのときの気持ちや感覚を味わい、見えているものをながめ、聞こえるものを聞く

5. イメージを大きく鮮やかにして、目標達成感を強める。目標を達成した瞬間に、頭のなかで『伝説のチャンピオン』（または、ほかの好きな歌）を再生する

6. そのイメージに浸りたいだけ浸って、できるかぎり心地よい気分を味わう。実際にいる部屋に戻りたくなったら、深呼吸をして目を開ける

内からのストレスのチューブを空にする

1. 自分がリラックスできることをする
2. マイクロブレイクをとる
3. 内なる対話で、いつも自分を励ます
4. マインドフルネスで、心も身体も健やかに保つ
5. メンタルトレーニングで、精神的な強さを養う

忙しいときはなかなか実行できないけれど、ようやく時間を見つけて瞑想すると、もっと早くやればよかったと後悔する。リラクセーション反応など、新しい研究成果に触れるたび、心身の安らぐ時間をとることがいかに大切かを知る。

あなたも、毎日の生活のなかで平和と安らぎが得られるよう、自分に合った方法を見つけてほしい。そうすれば、心はもちろん、身体も細胞レベルまで強くなっていくだろう。

よく笑う

外からのストレスと内からのストレスのチューブを空にすると、ヒト脳とお日さま脳がどちらもオンになる。それにより脳全体を使えるようになり、本来の能力を存分に発揮できる。

メンタルトレーニングでポジティブなイメージを描くと、つまり、望まないことをあれこれ心配するのではなく、望む結果を視覚化すると、お日さま脳が、まるでビタミンをたっぷり注射したように輝きだす。

また、ユーモアと笑いも気分を改善し、ストレスチューブを空にしてくれる。

何事も、そう深刻に考えてはいけない。目を輝かせて人生を見よう。そして、できるだけよく笑おう。

余暇は「コントロール感」で質が変わる

研究によれば、仕事と余暇の時間をはっきり分け、オンとオフをコントロールしている感覚を持つことも大切だという。仕事は仕事、プライベートはプライベート、というように気持ちを切り替えられれば、心身が回復しやすくなる。

とはいえ、これも言うのは簡単だが実行が難しい。それでも、仕事の時間と余暇の時間はきちんと分けるべきだ。

なぜなら、自分はもちろん、まわりにもメリットがあるからだ。ある研究によれば、休日出勤を強いられた被験者は、翌日に機嫌が悪かったという。エネルギーのレベルが低下し、精神状態も不安定だった。また、仕事のことが頭から離れず、オンとオフをコントロールしている感覚もなかった。

あなたにも心当たりがあるのでは？　もちろん、ストレスホルモンも増えていた。

ところが、帰宅してから「仕事のことをまったく思い出さなかった」と回答をした被験者は機嫌もよく、ストレスホルモンも増えていなかった。心身の回復も良好だった。

余暇の時間に仕事のことを考えないようにするには、どうすればいいだろう？　あなたは余暇を楽しめているだろうか？　じっくり考えてみよう。あなたが仕事を忘れるほど楽しめるものや夢中になれるもの、充実した時間を過ごせるものは何だろうか。それをやると決めて、実行しよう。

あなたは自分の人生のリーダーシップをとらなければいけない。セルフリーダーシップが大切だ。

もっと「エネルギー」に真剣になる

建物のエネルギー消費量を測って記録することを、エネルギー監査（チェック）という。

これによって、建物がどれだけエネルギーを使っているか、効率的にエネルギーを消費しているか、どうすれば改善できるのかがわかる。

あなたも、ぜひ自分のエネルギーチェックをしてみてほしい。そうすれば、どこからエネルギーが漏れているか見つけて塞ぐことができる。また、どうすればより多くのエネルギーを得られるかもわかる。


いま、あなたはどんなエネルギーの使い方をしているだろう？　あなたが消費している全エネルギーの明細をつくろう。具体的にいうと、「思考のエネルギー」「身体のエネルギー」「心のエネルギー」の明細だ。

面倒なのはわかる。でも、とにかくやってみてほしい。あなたからエネルギーを奪うタスクは何だろう？　それは、どのエネルギーだろうか？　思考のエネルギー？　身体のエネルギー？　それとも心のエネルギー？　それを書いてみよう。

身近な人のなかで、あなたからエネルギーを奪うのは誰だろう？　奪われるのは、どのエネルギーだろう？　家庭ではどうだろう？　あなたの趣味はどうだろう？　何かエネルギーを奪うものがあるだろうか？

思いつくかぎり書きだしてみよう。

エネルギーチェックをするときは、**テクノロジーによるストレス**も忘れないでほしい。たとえばスマホやタブレット、パソコンなどの機器は魅力的な機能が満載で、どうしても使いすぎてしまう。

あなたはフェイスブックやリンクトイン、そのほかのSNSを頻繁にチェックしているかもしれない。でも、本当にその必要があるだろうか？　メールも同じだ。そんなにしょっちゅうチェックしなければいけないだろうか？

メッセージを確認しようと頻繁にチェックしていると、膨大なエネルギーが奪われる。また、目的もなくインターネットをしているとき、私たちは本当にリラックスしているだろうか？　もしかしたら、エネルギーを奪われているのではないだろうか？

研究では、自分の見ているものが目まぐるしく変わると、注意力が低下することがわかっている。

また、デジタル機器によるマルチタスクと、認知機能の低下やうつ、不安、ウェルビーイングの低下、学力の低下には関連があることもわかっている。どれもすぐに自覚はなくても、脳にはかなりの負荷がかかっている。こうしたハイテクノロジーを利用するなら、「**エネルギーを奪われているかもしれない**」という観点も持つようにしよう。

私たちのエネルギーを簡単に奪ってしまうものが、もう1つある。他者からの期待だ。ここには、「他者から期待されている」という思い込みも含まれる。

あなたは自分に責任があり、他者も自分に責任がある。あなたが誰かの期待に応えなければいけないと思う場合、そこにはあなたとその誰かの思いがある。

あなたが責任を持つべきは、あなた自身の人生や感情だ。だから他者の期待には応えなくていい。

誰もが自分の道を歩み、自分にとって最善の行動をとるべきだ。さもないと、よい心の状態は保てない。それは誰のプラスにもならない。

あなたにエネルギーを与えてくれるものは何だろう？　エネルギーを与えてくれるのは、どんなタスクだろう？　身近な人でエネルギーを与えてくれるのは誰だろう？　家庭では？　趣味では？　何かあなたにエネルギーを与えてくれるものがあるだろうか？

このようにして調べれば、自分のエネルギーの漏れている場所がわかるし、どこで補給すればいいかもわかる。

エネルギーの漏れが見つかったら、その場所を塞いだり漏れを減らしたりしよう。また、自分にエネルギーを与えてくれるものに使う時間を増やそう。

あなたは「あなたの唯一無二の親友」である

内からくるストレスと外からくるストレスの要因について考え、自分のエネルギーを奪うものや与えてくれるものがわかると、緑の鎮静システムに肥料があげられる。つまり、ウェルビーイングのシステムが強化される。

脅威システムの強化には歯止めがかかり、このシステムをうっかりオンにするふるまいも減る。それでも脅威システムは、ときどき目を覚ますだろう。これは人生から絶対に切り離せない機能なのだ。

だが、緑の鎮静システムをできるかぎり強化すれば、脅威システムの働きは相殺される。つまり心のエアバッグだ。辛い時期を乗り越えるときは、このエアバッグが助けてくれる。**あなたの気分がよくなることをもっとしよう。もっと気楽にかまえよう。リラックスしよう。**そうすれば鎮静システムが強くなる。

また、できるだけストレスフリーな人間関係を築くことも大切だ。本書で紹介したあらゆるツールを活用してほしい。そして、心が通い合い、互いに安心できるすばらしい関係を築いてほしい。

それから、自分のケアを忘れずに。あなたの人生でいちばん大切なのはあなたなのだ。あなたは一生涯続く唯一の人間関係を手にしている。それは、あなた自身との関係だ。本書で述べたことをもとに自分を理解して、あなた自身との関係を育んでほしい。

自分を親友のように扱おう。自分を思いやり、内なる声を批評家ではなく、すばらしいサポーターの声に変えてほしい。あなた自身にとって、素敵な人になってほしい。それが、あなたの鎮静システムを立派に育てる肥料になる。

このボーナスチャプターを読むには、ある程度の時間はかかる。でも、ここに書いたことは一生かけて実践してほしい。読むのは簡単だ。でも、それを普段の生活に活かして、習慣や生き方として定着させるのはそう簡単にはいかない。

それでも、あなたが本気で変わろうと決め、一歩ずつ進んでいけば、きっと最高の自分に出会えるだろう。それができるのは、あなたしかいない。

あなたの気分がいいと、まわりの人たちにポジティブな影響がおよぶ。反対に、あなたの機嫌が悪いと、まわりの人に害がおよぶ。

だから、あなた自身が率先して自分を大切にしよう。どうか頑張ってほしい。決して諦めないで！

謝辞

長年にわたり研修や講義を行うなかで、たくさんの人との出会いがありました。その方々すべてに感謝を伝えたいと思います。みなさんと一緒に疑問を持ち、深く考えたことで、私の人生はこの上なく豊かになりました。

いろいろな形で協力してくださったみなさんにも、とびきりの感謝を。あなた方がくださったインスピレーションや知識、意見は私にとって宝物です。

この本を世に送りだすことに尽力してくださったみなさんに、心から感謝しています。これまで、私はたくさんの本や、興味深い研究論文を読んできました。そうした研究にたずさわる方々にもお礼を言わせてください。私たちが自分や他者について、より深く知ることができるのは、あなた方のおかげです。そうした成果の裏に、どれだけの苦労があったことでしょう。

私の妹も、本書が出版されるまでのあいだ、たくさんの形で力を貸してくれました。本当にありがとう！

最後に、私を精いっぱい支えてくれた家族に、最大級の感謝を。

心からの尊敬を込めて

レーナ・スコーグホルム

参考文献

1章～3章

・Descartes' Error. Emotion, Reason and the Human Brain
Antonio R. Damasio（2005）Penguin Books
（アントニオ・R・ダマシオ著『デカルトの誤り：情動、理性、人間の脳』田中三彦訳、筑摩書房、2010年）
・The Brain that Changes Itself – Stories of Personal Triumph from the Frontiers of Brain Science
Norman Doidge（2008）Penguin Books
（ノーマン・ドイジ著『脳は奇跡を起こす』竹迫仁子訳、講談社インターナショナル、2008年）
・Rainy Brain, Sunny Brain – The New Science of Optimism and Pessimism
Elaine Fox（2013）Arrow Books Ltd
（エレーヌ・フォックス著『脳科学は人格を変えられるか？』森内薫訳、文藝春秋、2017年）
・The Executive Brain: Frontal Lobes and the Civilized Mind
Elkhonon Goldberg（2001）Oxford University Press, Inc.
（エルコノン・ゴールドバーグ著『脳を支配する前頭葉：人間らしさをもたらす脳の中枢』沼尻由起子訳、講談社、2007年）
・Switch. How to change things when change is hard
Chip Heath & Dan Heath.（2011）Random House Business Books
（チップ・ハース／ダン・ハース著『スイッチ！：「変われない」を変える方法』千葉敏生訳、早川書房、2016年）
・Den mänskliga hjärnan. En upptäcktsfärd
Gunilla Ladberg（2006）Prisma
・The Triune Brain in Evolution
Paul McLean（1990）Kluwer Academic/Plenum Publishers
（ポール・D・マクリーン著『三つの脳の進化：反射脳・情動脳・理性脳と「人間らしさ」の起源［新装版］』法橋登編訳、工作舎、2018年）
・What Every Body is Saying – An Ex-FBI Agent's Guide to Speed-Reading People
Joe Navarro（2008）HarperCollins
（ジョー・ナヴァロ／マーヴィン・カーリンズ著『FBI捜査官が教える「しぐさ」の心理学』西田美緒子訳、河出書房新社、2012年）
・Sprid pyramiderna
Jan Sandgren（2012）Liber
・Mindsight – The New Science of Personal Transformation
M. D. Daniel J. Siegel（2010）Bantam Books
（ダニエル・J・シーゲル著『脳をみる心、心をみる脳：マインドサイトによる新しいサイコセラピー：自分を変える脳と心のサイエンス』山藤奈穂子／小島美夏訳、星和書店、2013年）
・The Secret of Body Language – An Illustrated Guide to Knowing What People Are Really Thinking and Feeling
Philippe Turchet（2012）Skyhorse Publishing
・Inte bara Anna
Elisabet von Zeipel with Kerstin Alm（2015）Lagenskiöld

4章

・The von Economo neurons in fronto-insular and anterior cingulate cortex
John M. Allman, Nicole A. Tetreault, Atiya Y. Hakeem, Kebreten F. Manaye, Katerina Semendeferi, Joseph M. Erwin, Soyoung Park, Virginie Goubert, and Patrick R. Hof（2012）
https://www.ncbi.nlm.nih.gov/pmc/articles/PMC3140770/　2020-03-03

・Neuroanatomical Correlates of Suicide in Psychosis: The Possible Role of von Economo Neurons
Martin Brüne, Andreas Schöbel, Ramona Karau, Pedro M. Faustmann, Rolf Dermietzel, Georg Juckel, and Elisabeth Petrasch-Parwez,（Published online 2011）
https://www.ncbi.nlm.nih.gov/pmc/articles/PMC3120769/　2020-03-03
・Evolutionary appearance of von Economo’s neurons in the mammalian cerebral cortex
Franco Cauda, Giuliano Carlo Geminiani and Alessandro Vercelli（2014）
https://www.frontiersin.org/articles/10.3389/fnhum.2014.00104/full　2020-03-03
・Von Economo Neurons in the Human Medial Frontopolar Cortex
Carlos Arturo González-Acosta, Martha Isabel Escobar, Manuel Fernando Casanova, Hernán J. Pimienta and Efraín Buriticá（2018）
https://www.frontiersin.org/articles/10.3389/fnana.2018.00064/full　2020-03-03
・Social Intelligence – The New Science of Human Relationships
Daniel Goleman（2007）Arrow Books Ltd
（ダニエル・ゴールマン著『SQ　生きかたの知能指数：ほんとうの「頭の良さ」とは何か』土屋京子訳、日本経済新聞出版社、2007 年）
・Dialektisk beteendeterapi vid emotionellt instabil personlighetsstörning – teori, strategi, teknik
Anna Kåver, Åsa Nilsonne（2002）Natur & Kultur
・A neuronal morphologic type unique to humans and great apes.
Nimchinsky EA, Gilissen E, Allman JM, Perl DP, Erwin JM, Hof PR. Proc Natl Acad Sci USA. 1999 Apr 27;96(9):5268-73.
https://www.ncbi.nlm.nih.gov/pubmed/10220455　2020-03-03
・Behave – The Biology of Humans at Our Best and Worst
Robert M. Sapolsky（2017）Penguin Publishing Group
（ロバート・M・サポルスキー著『善と悪の生物学：何がヒトを動かしているのか』〔上・下巻〕大田直子訳、NHK 出版、2023 年）

5章

・Varför jag känner som du känner: Intuitiv kommunikation och hemligheten med spegelneuroner
Joachim Bauer（2007）Natur & Kultur
・Mirroring People – The Science of Empathy and How We Connect with Others
Marco Iacoboni（2009）Picador
（マルコ・イアコボーニ著『ミラーニューロンの発見：「物まね細胞」が明かす驚きの脳科学』塩原通緒訳、早川書房、2011 年）
・Self-compassion – Stop Beating Yourself Up and Leave Insecurity Behind
Kristin Neff（2011）Holder & Stoughton Ltd
（クリスティン・ネフ著『セルフ・コンパッション：有効性が実証された自分に優しくする力』［新訳版］石村郁夫／樫村正美／岸本早苗監訳、浅田仁子訳、金剛出版、2021 年）
・Behave – The Biology of Humans at Our Best and Worst
Robert M. Sapolsky（2017）Penguin Publishing Group
（ロバート・M・サポルスキー著『善と悪の生物学：何がヒトを動かしているのか』〔上・下巻〕前掲書）

6章

・Ledarskapshandboken

Bosse Angelöw（2013）Natur & Kultur
・Led med förtroende
Charlotte Alexandersson, Susanne Petterson（2008）SISU Idrottsböcker – idrottens förlag
・Lycka på fullt allvar — En introduktion till positiv psykologi
Katarina Blom, Sara Hammarkrantz（2014）Natur & Kultur
・The Feeling of What Happens. Body, Emotion and the Making of Consciousness
Antonio R. Damasio（2000）Vintage
（アントニオ・ダマシオ著『意識と自己』田中三彦訳、講談社、2018 年）
・The Emotional Life of Your Brain: How Its Unique Patterns Affect the Way You Think, Feel, and Live — And How You Can Change Them
Richard J. Davidson, Sharon Begley（2012）Plume Books
（リチャード・デビッドソン／シャロン・ベグリー著『脳には、自分を変える「6 つの力」がある。』茂木健一郎訳、三笠書房、2013 年）
・Frontal brain assymetri predicts infant's response to maternal separation
Richard J. Davidson & Nathan A. Fox, Journal of Abnormal Psychology 98, p. 85–95, 2000
・Resting Frontal Brain Asymmetry Predicts Affective Responses to Films
Richard J. Davidson, Andrew J. Tomarken and Jeffrey B. Henriques, Journal of Personality and Social Psychology, 1990, Vol. 59, No. 4, 791–801
・Rainy Brain, Sunny Brain. The New Science of Optimism and Pessimism
Elaine Fox（2013）Arrow Books Ltd
（エレーヌ・フォックス著『脳科学は人格を変えられるか？』前掲書）
・Stumbling on Happiness
Daniel Gilbert（2007）Vintage
（ダニエル・ギルバート著『明日の幸せを科学する』熊谷淳子訳、早川書房、2013 年）
・The Science of Happiness. How Our Brains Make Us Happy — and What We Can Do to Get Happier
Stefan S. Klein（2006）Marlowe & Co
・The Overflowing Brain. Information Overload and the Limits of Working Memory
Torkel Klingberg（2009）OUP USA
（ターケル・クリングバーグ著『オーバーフローする脳：ワーキングメモリの限界への挑戦』苧阪直行訳、新曜社、2011 年）
・Hjärnan
Lars Olsson et al.（2007）Karolinska Institutet, University Press
・Quiet Leadership – Six Steps to Transforming Performance at Work
David Rock（2006）HarperCollins Publishers
・Att tänka positivt inte alltid så positivt
Annika Lund（Först publicerad i tidskriften Medicinsk Vetenskap nummer 3, 2015）
http://ki.se/forskning/att-tanka-positivt-inte-alltid-sa-positivt　2020-03-03
・Self-Determination Theory（SDT）– Overview
Center for Self-Determination Theory
http://www.selfdeterminationtheory.org/theory/　2020-03-03
・Närhet ger bäst vila för våra hjärnor
Agneta Lagercrantz（Svenska Dagbladet 2015）
http://www.svd.se/narhet-ger-bast-vila-for-vara-hjarnor　2020-03-03
・Här är orden som kan lysa upp hus
Micael Dahlén（Göteborgsposten 2015）

https://www.gp.se/ledare/micael-dahl%C3%A9n-h%C3%A4r%C3%A4r-orden-som-kan-lysa-upp-hus-1.160935　2020-03-03

7章

・My Stroke of Insight
Jill Bolte Taylor（2009）Hodder Paperback
（ジル・ボルト・テイラー著『奇跡の脳——脳科学者の脳が壊れたとき』竹内薫訳、新潮社、2012年）
・My stroke of insight
Jill Bolte Taylor（TED 2008）
https://www.ted.com/talks/jill_bolte_taylor_my_stroke_of_insight　2020-03-03
・Frontal brain assymetri predicts infant's response to maternal separation
Richard J. Davidson & Nathan A. Fox, Journal of Abnormal Psychology 98, p. 85–95, 2000
・Resting Frontal Brain Asymmetry Predicts Affective Responses to Films
Richard J. Davidson, Andrew J. Tomarken, and Jeffrey B. Henriques, Journal of Personality and Social Psychology, 1990, Vol. 59, No. 4, 791–801
・Lateral asymmetry of neurotransmitters in human brain
S.D. Glick, D. A. Ross and L. B. Hough, Brain Res 234; 1（1982）: 53–63
・The Executive Brain: Frontal Lobes and the Civilized Mind
Elkhonon Goldberg（2001）Oxford University Press, Inc.
（エルコノン・ゴールドバーグ著『脳を支配する前頭葉：人間らしさをもたらす脳の中枢』前掲書）
・Psychological Types
C. G. Jung（1921）Translation by H. Godwyn Baynes（1923）Classics in the History of Psychology, An internet resource developed by Christopher D. Green, York University, Toronto, Ontario
https://psychclassics.yorku.ca/Jung/types.htm　2020-03-03
・The Science of Happiness
Stefan Klein（2006）, Marlowe（前掲書）
・Depressingly Easy
Kelly Lambert（August/September 2008）Article in Scientific American Mind
（『サイエンティフィック・アメリカン・マインド』誌の記事）
・Tala – Trovärdighet – så bygger du förtroende
Katti Sandberg（2009）Nordstedts
・Attachment and the regulation of the right brain
Allan N. Schore, Attachment & Human Development Vol 2. No.1, April p. 23–47, 2000
・Brainstorm: The Power and Purpose of the Teenage Brain
Daniel J. Siegel（2013）Penguin Putnam
・The Whole-Brain Child Workbook
Daniel J. Siegel, Tina Payne Bryson（2015）PESI Publishing & Media
・Stroke – Special health report from Harvard Medical School & Vårdguiden 1177
https://www.hjarnfonden.se/2019/05/vad-hander-i-kroppen-nar-du-far-en-stroke/　2020-03-03
・Roger W. Sperry Nobel Lecture
https://www.nobelprize.org/prizes/medicine/1981/sperry/lecture/ 2020-03-03
・Interview with Professor Louise Rönnqvist

www.sydsvenskan.se/2002-08-14/nar-vanster-hand-kommer-i-forstahand　2020-03-03
・Om forskning och beprövad erfarenhet i skollagen
https://www.skolverket.se/skolutveckling/forskning-och-utvar-deringar/forskningsbaserat-arbetssatt/forskningsbaserat-arbets-satt-for-okad-kvalitet-i-skolan　2020-03-03

8章

・Compassionfokuserad terapi
Christina Andersson, Sofia Viotti（2013）Natur & Kultur
・The Neuroscience of Human Relationships. Attachment and the Developing Social Brain
Louis Cozolino（2006）WW Norton & Co
・Mind Over Medicine: Scientific Proof That You Can Heal Yourself
Lissa Rankin, M.D.（2014）Hay House
（リサ・ランキン著『病は心で治す：健康と心をめぐる驚くべき真実』古草秀子訳、河出書房新社、2015年）
・Motivation – Livets kärna
Lars-Erik Uneståhl（2010）Skandinaviska Ledarhögskolan
・Självkontroll genom Mental Träning
Lars-Erik Uneståhl（2015）Buena Vida
・The Inner Game of Work: Focus, Learning, Pleasure and Mobility in the Workplace
Timothy Gallwey（2001）Random House Trade
（ティモシー・ガルウェイ著『インナーワーク：あなたが、仕事が、そして会社が変わる。君は仕事をエンジョイできるか！』後藤新弥訳／構成、日刊スポーツ出版社、2003年）
・Mindfulness i hjärnan
Åsa Nilsonne（2010）Natur & Kultur

ボーナスチャプター

・Relaxation Response Induces Temporal Transcriptome Changes in Energy Metabolism, Insulin Secretion and Inflammatory Pathways
Bhasin MK, Dusek JA, Chang B-H et al. PLoS ONE 8(5)
・Hjärnforskaren: Chilla mer
Interview with brain researcher Agneta Sandström（ETC 2015）
http://www.etc.se/inrikes/hjarnforskaren-chilla-mer　2020-03-03
・Mindfulnessövning – Om tankar
https://medvetennarvaro.wordpress.com/2007/10/11/mindfulnessoving-om-tankar/ 2016-08-12
・Behavioural activation versus mindfulness-based guided self-help treatment administered through a smartphone application: a randomised controlled trial
Ly KH, Trüschel A, Jarl L, et al.（2014）BMJ Open
・Internet-Based Mindfulness Treatment for Anxiety Disorders: A Randomized Controlled Trial
Boettcher J, Åström V, et al.（2013）Behavior Therapy
・Extended Work Availability and Its Relation With Start-of-Day Mood and Cortisol
Dettmers J et al., Journal of Occupational（2016）Health Psychology, 21(1), 105
・Higher Media Multi-Tasking Activity is Associated with Smaller Gray-Matter Density in the Anterior Cingulate Cortex
Loh KK, Kanai R（2014）PLoS ONE 9(9)

【著者】

レーナ・スコーグホルム（Lena Skogholm）

行動科学の研究者。講演家、教育者。年に 80 回近く講演や講義を行い、スウェーデンで最も人気のある講師 100 人の 1 人に選ばれた。温かさとユーモアにあふれる語り口と、明快でわかりやすい解説には定評があり、2021 年には、スウェーデンのすぐれた講演者に与えられる Stora Talarpriset 賞を受賞した。25 年にわたり研究を続ける脳科学にもとづいた人づきあいのメソッドは、職場や私生活で今すぐ役立つツールとして、高く評価されている。
本書『The Connection Code』（Bemötandekoden:konsten att förstå sig på människor och få ett bättre liv.）は、スウェーデンで発売と同時に売上ランキング上位に入り、ベストセラーとなった。国内外で話題の本となっている。

【訳者】

御船由美子（みふね・ゆみこ）

神奈川県生まれ。訳書に『運動脳』（サンマーク出版）、『脳が強くなる食事』（かんき出版）、『キュー――心と心を通わせる合図の出し方・見つけ方』（パンローリング）、『島を救ったキッチン　シェフの災害支援日記 in ハリケーン被災地・プエルトリコ』（双葉社）などがある。

あいては人か
話が通じないときワニかもしれません

2025年1月10日　初版印刷
2025年1月20日　初版発行

著　者　レーナ・スコーグホルム
訳　者　御船由美子
発行人　黒川精一
発行所　株式会社サンマーク出版
〒169－0074 東京都新宿区北新宿2－21－1
電　話　03（5348）7800
印　刷　三松堂株式会社
製　本　株式会社若林製本工場

定価はカバー、帯に表示してあります。
落丁、乱丁本はお取り替えいたします。
ISBN978-4-7631-4148-4　C0030
ホームページ　https://www.sunmark.co.jp